Guía Visual de Internet.
Edición 2006

Jorge Abaurrea Velarde

GUIAS VISUALES

RESPONSABLE EDITORIAL:
Victor Manuel Ruiz Calderón
Susana Krahe Pérez-Rubín

ILUSTRACIÓN DE CUBIERTA:
Cecilia Poza Melero

Edición española:
© EDICIONES ANAYA MULTIMEDIA (Grupo Anaya, S.A.), 2006
  Juan Ignacio Luca de Tena, 15. 28027 Madrid
  Depósito legal: M.41.454-2005
  ISBN: 84-415-1942-0
  Printed in Spain
  Imprime: Peñalara, S.A.
  Fuenlabrada (Madrid)

Capítulo 1
Introducción a
Internet

Una gran Red

En este capítulo vamos a revisar a fondo la idea que la mayor parte de los usuarios tienen sobre Internet. Para la mayoría de las personas, Internet es lo que les permite usar el correo electrónico y consultar páginas Web, pero deben saber que hay mucho más detrás de eso. Y, por supuesto, tampoco está de más conocer los fundamentos en los que se basan todas las posibles acciones que podemos realizar en la Red, sus comienzos y el futuro desarrollo de Internet que tenemos ante nosotros. De esta forma podremos disfrutar más a fondo de todas las ventajas que nos ofrece la Red.

Internet es una red. Una enorme red que interconecta ordenadores en todas partes del planeta y que permite compartir datos e información entre todos aquellos que forman parte de ella. Sus múltiples servicios (World Wide Web, correo electrónico, transferencia de archivos mediante FTP, acceso remoto a otros ordenadores y redes, y demás) nos abren un mundo de posibilidades en nuestro propio ordenador.

Gracias a ella podemos enviar mensajes y archivos a cualquier parte del mundo en cuestión de segundos, incluso es posible obtener información de casi cualquier tema, a través de múltiples fuentes que, en épocas anteriores, serían inalcanzables para cualquiera de nosotros, y enviar mensajes a nuestros amigos, parientes o socios empresariales sin tener que esperar el tiempo que era necesario antes para que, por ejemplo, se transportara una carta de Zaragoza a Chicago (lo que podía ser casi eterno). Ahora todo es inmediato.

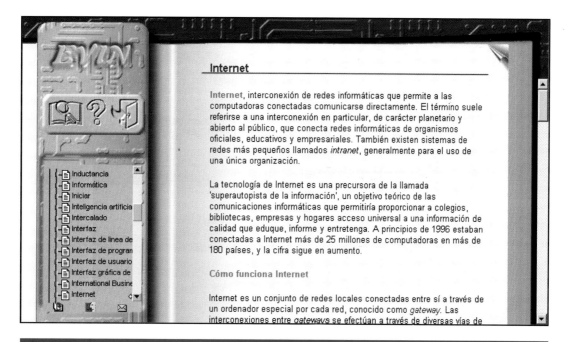

Posibles usos de Internet

Para la mayoría de nosotros, Internet se reduce al correo electrónico y a la World Wide Web. Pero es necesario saber que Internet pone a nuestra disposición muchas otras opciones. No tenemos que limitarnos a mandar mensajes y a visitar páginas Web.

Apoyándose en los principios de la información digital (toda aquella que se ha convertido en datos informáticos, reduciendo su estructura física a una serie de ceros y unos), Internet nos permite explorar un enorme universo de posibilidades en nuestra vida diaria. Las más importantes serían:

- **Correo electrónico:** Gracias a él es posible enviar mensajes y archivos a cualquier otra persona que disponga de conexión a la Red.

- **World Wide Web:** Permite acceder a los contenidos de las páginas Web, en las que dispondrán de una enorme cantidad de información de todo tipo en un entorno visual y agradable.

- **Transferencias FTP:** Posibilita la transferencia de archivos entre ordenadores.

- **Grupos de noticias:** Grupos centrados en temas concretos, en los que es posible colaborar enviando nuestras opiniones.

- **Chat:** Sistema de conversación "virtual" que se puede establcer con personas en cualquier parte del mundo.

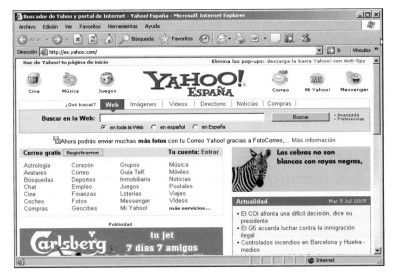

- **Acceso remoto a redes:** Acceso a contenidos y a sistemas informáticos situados en cualquier esquina del mundo.

- **Videoconferencias:** Reuniones familiares, empresariales o de cualquier tipo en las que podremos ver a nuestros interlocutores gracias a Internet.

Como se puede observar, hay muchas opciones entre las que elegir. Incluso es posible aprovecharlas todas ellas al mismo tiempo. Estas posibilidades nos permiten enviar mensajes mientras navegamos por la Red, al mismo tiempo que descargamos archivos con una sesión FTP de la red de nuestra empresa, a la que hemos accedido gracias a una conexión remota posibilitada por nuestro acceso a Internet. Pero vayamos paso a paso. Lo primero de todo es conocer un poco la historia de Internet y los procesos básicos que le permiten aprovechar todas las posibilidades que pone a su alcance.

El principio de la Red

Hablar de la historia de Internet actualmente tiene poco sentido, ya que nos encontramos ante un fenómeno joven, con apenas cuarenta años desde sus primeras versiones. En cualquier caso, el Internet de hoy, el que será mañana e incluso el de hace dos años, son tan diferentes entre sí que más que historia deberíamos hablar de los principios de la Red, ya que la historia se sigue escribiendo cada día. Las bases de Internet hay que buscarlas en las redes de telecomunicaciones anteriores. Una red no es más que un conjunto de máquinas interconectadas. Un ejemplo de ello sería la red telefónica.

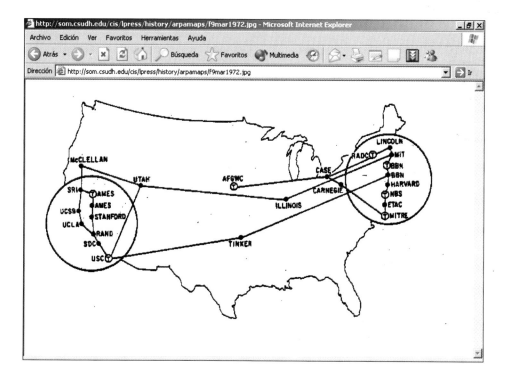

Los orígenes de Internet están ligados a la figura de J.C.R. Licklider, responsable de investigación en ordenadores de la *Advanced Research Projects Agency* (ARPA o Agencia de proyectos de investigación avanzada). Nos encontramos en el año 1962 cuando lo que ahora es Internet era concebido como una red galáctica, según la definió el propio Licklider. Otros nombres del equipo que podríamos llamar fundador de Internet son Ivan Sutherland, Bob Taylor y el investigador del MIT Lawrence G. Roberts, a los que Licklider concienció de la importancia del concepto de trabajo en red.

La primera red de larga distancia se creó en 1965 cuando se logró conectar un ordenador de Massachusetts con otro que se encontraba en California a través de la línea telefónica.

En cualquier caso no será hasta 1967 cuando se pueda hablar de ARPANET, red construida por la agencia gubernamental citada anteriormente. El objetivo de la red era militar y se basaba en la posibilidad de que si fuera destruida una parte la misma, el resto pudiera seguir funcionando. Para ello, cada ordenador era cliente y servidor de todos los datos, existiendo una cierta redundancia de la información fundamental para el funcionamiento de la red en todos los ordenadores que la integraban. No debemos olvidar que nos encontramos en un escenario ligado a la guerra fría y a una supuesta posibilidad de destrucción mutua que el cine de Hollywood nos ha retratado de forma un tanto frívola.

El proyecto a finales de 1969 ya contaba con cuatro ordenadores *host* o anfitriones, lo que actualmente se conoce como servidores interconectados. Es en este preciso momento cuando surge el embrión de Internet, que se asentaría al año siguiente en el que se publica el protocolo de comunicación de host a host, que fue llamado *Network Control Protocol* (NCP) o Protocolo de control de redes, que no se implementaría en todos los servidores hasta 1972. Ese mismo año Ray Tomlinson creó el correo electrónico.

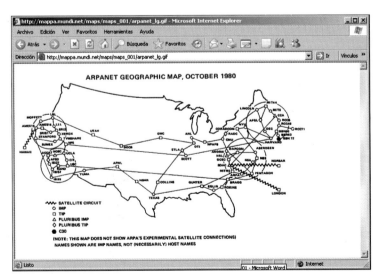

Una de las claves de Internet, tanto entonces como ahora es la arquitectura abierta de trabajo en red, es decir, que múltiples redes con distintos sistemas sean capaces de coordinarse y compartir información entre ellas.

Otra de las claves hay que buscarlas en la comunicación a través de paquetes. La información que se transmite a través de Internet no lo hace de forma síncrona a través de la tecnología de conmutación de circuitos. Esta forma de transmitir requiere que se abra un circuito para enviar en una máquina y otro para recibir en la siguiente. Así, una primera máquina comenzará a enviar información mientras la otra la recibe. Para cambiar la función, es necesario que toda la información se haya enviado. Si ocurre algún problema durante el envío, habría que volver a enviar todo el contenido. En cambio, las comunicaciones por paquetes permiten enviar y recibir en todo momento, al ser cada grupo de información más pequeño. Además, los paquetes incluyen como medida de seguridad una cierta redundancia de la información. En el caso de que un paquete se perdiera, la máquina lo reclamaría y se volvería a enviar, ocurriendo todo este proceso de forma casi instantánea.

El inicio de la concepción de la comunicación a través de paquetes se basa en la radio buscando solucionar el problema de las zonas de sombra (por ejemplo el paso

a través de un túnel) o las interferencias. Así nació la primera versión del *Transmisson Control Protocol/Internet Protocol* (TCP/IP, Protocolo de control de transmisión/protocolo de Internet).

A partir de este momento tenemos dos protocolos: el NCP sería en la actualidad un *driver*, es decir, un controlador, mientras que el TCP/IP sería el verdadero protocolo de comunicaciones.

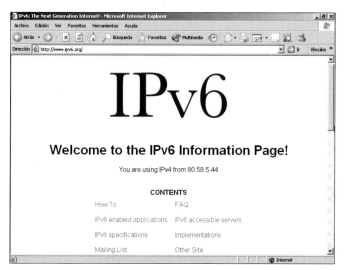

Las reglas fundamentales de esta Internet son varias. La primera de ellas era que cada red podía ser distinta, es decir, con su sistema propio, su interfaz, etc. pero que ninguna de las redes debería hacer cambios en su configuración para conectarse a Internet. Nace así la idea de las redes multiplataformas y multisistema.

Otra de las reglas se basaba en la comunicación por paquetes, y establecía que si un paquete no llegaba a su destino, debía ser reenviado en el menor tiempo posible por su emisor. La forma de interconectar las distintas redes sería a través de *routers* (o enrutadores) y puertas de enlace.

Las puertas de enlace no almacenarían información sobre la dirección a la que se envían los paquetes, para simplificar y aumentar la eficacia de la red. Finalmente, no existiría un control global de las operaciones, permitiendo que la premisa de un continuo funcionamiento de la red se cumpliese, aunque parte de ella quedara no operativa.

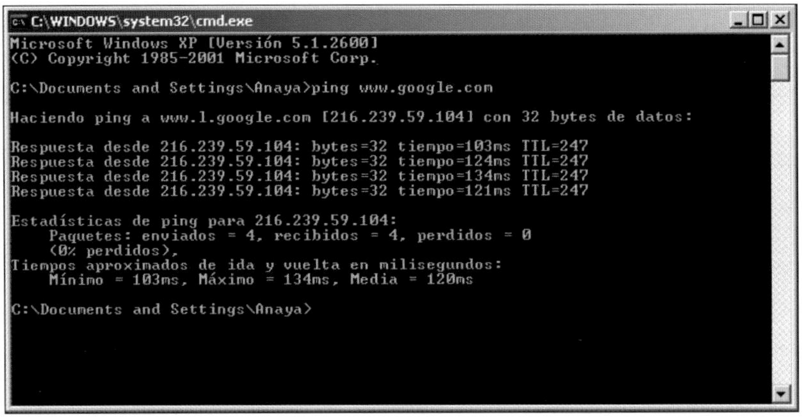

```
C:\WINDOWS\system32\cmd.exe                                      _ □ X

Microsoft Windows XP [Versión 5.1.2600]
(C) Copyright 1985-2001 Microsoft Corp.

C:\Documents and Settings\Anaya>ping www.google.com

Haciendo ping a www.l.google.com [216.239.59.104] con 32 bytes de datos:

Respuesta desde 216.239.59.104: bytes=32 tiempo=103ms TTL=247
Respuesta desde 216.239.59.104: bytes=32 tiempo=124ms TTL=247
Respuesta desde 216.239.59.104: bytes=32 tiempo=134ms TTL=247
Respuesta desde 216.239.59.104: bytes=32 tiempo=121ms TTL=247

Estadísticas de ping para 216.239.59.104:
    Paquetes: enviados = 4, recibidos = 4, perdidos = 0
    (0% perdidos),
Tiempos aproximados de ida y vuelta en milisegundos:
    Mínimo = 103ms, Máximo = 134ms, Media = 120ms

C:\Documents and Settings\Anaya>
```

Al tratarse de una evolución tecnológica, la única forma de hablar de la historia de Internet es a través de su tecnología. Internet no fue diseñada con el objetivo de servir para una sola aplicación sino que se concibió como una infraestructura general en la que pueden desarrollarse diversos servicios.

A partir de aquí la democratización de Internet va unida a la aparición de ordenadores personales, a la alfabetización informática de parte de la sociedad, a unas interfaces más sencillas e intuitivas, etc.

Como puede ver, la historia de Internet no es más que la historia de una parte de la informática que se ve afectada por el resto de la informática. El resto de la historia va unida a un cambio social que permitió crear nuevos lenguajes para expresarse y utilizar la red.

Los **paquetes** son cada una de las unidades en las que se dividen los archivos que se envían por la red, sean del tipo que sean, de forma que sea posible enviar muchos archivos al mismo tiempo por un mismo cable de red, alternando los paquetes de unos y otros archivos.

Por supuesto, en sus comienzos Internet no tenía el agradable entorno visual del que disponemos en la actualidad, sino que, para los que lo hayan conocido, era un sistema similar a lo que podemos ver cuando usamos un sistema operativo que no disponga de una Interfaz gráfica de usuario, o GUI, como pueden ser las primeras versiones de MS-DOS o de Linux. Eso hacía que para usar Internet hubiera que conocer una gran cantidad de lenguajes de programación, órdenes y comandos para poder usar la transferencia de archivos o el correo electrónico, los dos primeros servicios de los que se disponía en esta nueva red. Pero aún así merecía la pena el esfuerzo. En realidad, el gran paso para convertir la red de redes en lo que es hoy en día se dio en el CERN (Centro europeo para el estudio de la física de partículas, que recibe el nombre de "*Conseil Europeen pour la Recherche Nucleaire*", Consejo Europeo para la Investigación Nuclear).

Fue allí donde, en 1989, Tim Berners-Lee desarrolló un sistema para compartir información basándose en un entorno visual controlado por un nuevo lenguaje de programación llamado HTML o *Hipertext Markup Languaje* (Lenguaje de marcado de hipertexto). Con ello nacería la World Wide Web, lo que hoy todos vemos como Internet, pero que no es más que una de sus partes.

HTML posibilitó el desarrollo de una forma de intercambiar información, mucho más gráfica, intuitiva y fácil de manejar, que reducía los conocimientos necesarios para usar Internet. Tras este paso comenzaron a desarrollarse los primeros navegadores, como Mosaic, que permitirían descargar las páginas Web en cualquier ordenador con conexión al a red.

 Hay que tener clara la diferencia entre Internet y la World Wide Web. Internet es una red de redes, formada principalmente por cables y ordenadores conectados entre sí. Por el contrario, la Web es un "espacio de información imaginario" donde es posible encontrar sonidos, vídeos, textos y, en definitiva, cualquier tipo de información. No son lo mismo, pero la una no podría existir sin la otra tal y como las conocemos hoy en día.

El desarrollo de Internet en España

Para llegar al nivel de implantación de Internet del que disfrutamos hoy en día en España han tenido que pasar varios años y, sobre todo, hemos tenido que pasar por varias etapas diferentes que marcan una serie de épocas para los usuarios de Internet españoles.

Primeras etapas

Los inicios de la implantación de Internet en España surgen por parte de Telefónica que, con cierta falta de previsión, inició el desarrollo de Internet implantando un sistema conocido como Infovía. En principio se trataba de un sistema centralizado en un nodo de comunicaciones (un ordenador), por el que circulaban todas las comunica-

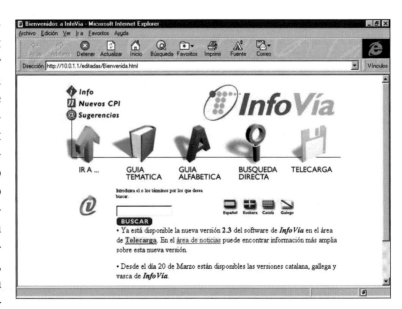

ciones de Internet del país. Debido a una demanda que superó con creces las expectativas de Telefónica, al poco tiempo el sistema demostró ser insuficiente, produciéndose un cuello de botella en el nodo que ralentizaba las comunicaciones del sistema y hacía que se produjeran pausas en las comunicaciones.

Con el fin de obtener una solución temporal al problema, se implantaron nuevos nodos en algunas de las principales ciudades del país, pero manteniendo una centralita única para dirigir las llamadas a los diferentes nodos, haciendo que en poco tiempo se repitiera la situación de saturación.

 Debemos dejar claro que Infovía no proporcionaba acceso directo a Internet, sino a una red paralela que había establecido la propia Telefónica. Para acceder a Internet era necesario disponer de un contrato con otra empresa que ofreciera la pasarela a la red.

La explosión de Internet

El enorme desarrollo y la creciente demanda de conexiones a Internet llevó a Telefónica a establecer la denominada Infovía Plus, un servicio similar al de Infovía que disponía de nodos en la mayor parte de las capitales de provincia españolas o de ciudades que superaban un cierto número de habitantes. Gracias a ello fue posible establecer un acceso a través de llamadas locales, lo que abarataba la conexión a la red y evitaba cuellos de botella nacionales, incluso desde lugares lejanos a los nodos, gracias al establecimiento de un número 902 de coste fijo como llamada local. Todo ello llevó a una mejora del servicio, aunque a ciertas horas (las conocidas "horas punta") seguían produciéndose congestiones de la red.

Con todo este desarrollo, las conexiones a Internet comenzaron a apreciarse como un buen negocio y apareció por primera vez en España (dejando a un lado a Telefónica) la figura del ISP (*Internet Service Provider*, Proveedor de servicios de Internet). Se trataba de empresas que ofrecían servicios de conexión a Internet a los usuarios finales.

Principalmente subcontrataban un número 902 a Telefónica (la propietaria de la instalación física) que hacía de intermediaria en la conexión con el usuario final. La segunda opción se daba en ciudades en las que el ISP montaba su propio nodo y permitía que los clientes accedieran a él a través de una llamada a un número de la localidad. La facilidad del sistema y los potenciales beneficios hicieron que el negocio de los ISP en España tuviera un espectacular desarrollo, surgiendo cientos e incluso miles de empresas que proporcionaban este servicio.

La situación actual

Después de la aparición de los numerosos ISP que se instalaban en España, se produjo la llegada de las grandes operadoras. Sus servicios de mayor calidad, su alta velocidad, grandes inversiones, mejores infraestructuras y sus precios sin competencia llevaron a la desaparición de la gran mayoría de los ISP, y los que no desaparecieron acabaron absorbidos por estas grandes empresas. Hoy en día son estas empresas (como Wanadoo, Ya.com, Telefónica, Terra y otras) las que controlan el mercado de Internet en España, ofreciendo en todo momento las últimas tecnologías y unos precios con los que era imposible soñar hace sólo cinco o seis años.

 Afortunadamente España comienza a contar con una red de banda ancha relativamente decente, aunque todavía estamos lejos de Estados Unidos, el país de referencia. Una de las razones la podemos encontrar en el lento desarrollo que han tenido las redes de cable en nuestro país debido al empuje de las tecnologías xDSL.

Conceptos esenciales

La aparición de la informática en el nivel de usuario y de Internet ha inundado la vida diaria con nuevos términos. PC, CD-ROM (o cederrón como manda la Real Academia Española), DVD, SCSI, Wireless son términos que hoy forman parte de nuestra vida, y junto a ellos hay otros términos que forman parte de la red, pero de los que muchos desconocen su origen e incluso su significado.

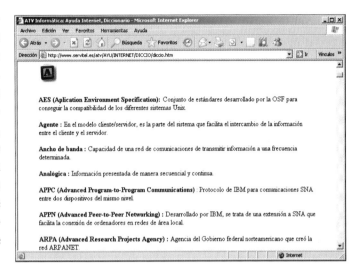

Ahora Internet introduce en la vida diaria otros muchos términos que, sin ser esenciales para el día a día, son importantes para conocer un poco más a fondo cómo funcionan las bases de esta enorme red. Términos como protocolo, dominio, TCP/IP, HTML, servidor o cliente son habituales para los que trabajan con la red, pero un poco menos para los que sólo la usan, y estos últimos no deben dejarlos de lado, ya que pueden aclararles muchas cosas.

El protocolo de Internet: TCP/IP

Lo primero que hay que saber es qué es un protocolo. En toda comunicación entre dos partes, en la que existe un emisor y un receptor debe haber una serie de normas que posibiliten que ambas partes comprendan lo que se está transmitiendo.

En el caso de dos personas estaríamos hablando de un idioma o de un lenguaje, pero en el caso de las comunicaciones entre sistemas informáticos, y por tanto en las comunicaciones de Internet, los protocolos son los que se encargan de esta tarea. Por consiguiente, el protocolo es el "idioma" que hablan los sistemas de Internet.

En profundidad, su funcionamiento es bastante complejo y sólo resulta útil para desarrolladores, programadores y personal técnico relacionado con la red, no para el usuario final, pero sí es conveniente conocer su funcionamiento básico.

Y lo primero es saber que el protocolo básico de Internet es el llamado TCP/IP (*Transmisión Control Protocol/Internet Protocol*, o Protocolo de Control de Transmisiones/Protocolo de Internet), que se compone de dos partes esenciales:

TCP

El Protocolo de Control de Transmisiones, o TCP, es el encargado de establecer la conexión para el intercambio de datos y de dividir en pequeños fragmentos, llamados paquetes, cada uno de los archivos o de los datos que se envían por Internet. Y es que es necesario conocer la forma en la que "viajan" los datos por la red. En el momento en el que nos conectamos a Internet para enviar un mensaje, ver una página Web o cualquier otra cosa comienza un intercambio de datos entre el ordenador que estamos usando y el servidor que nos da acceso a la red y que distribuye esos datos. Pero para poder aligerar las transmisiones, los archivos no viajan enteros, sino que se dividen en pequeños paquetes de pocos Kb cada uno. De esta forma se permite que exista una alternancia de paquetes de distintos usuarios y se evita la aparición de atascos en la Red. Esta función es la que realiza el protocolo TCP, que también se encargará, en el ordenador de destino, de recibir los paquetes que van llegando y de ordenarlos de la forma correcta para recomponer el archivo o los datos que se han transmitido.

IP

La otra parte del protocolo es el Protocolo de Internet o IP. Su misión está irremediablemente unida al funcionamiento de TCP, puesto que es la parte que se encarga de asignar, a cada uno de los paquetes creados por el protocolo TCP, una dirección de emisión y una dirección de destino. Son las conocidas por todos como direcciones IP, que identifican a los ordenadores de la Red. De esta forma, cuando el protocolo TCP crea un paquete, el protocolo IP incluye la dirección IP del remitente y la del destinatario, que siempre son únicas para cada máquina de la red. Poniendo un símil, una dirección IP es lo más parecido en Internet a un número de teléfono. Para establecer una comunicación con otro usuario, hay que conocer su número y éste debe conocer el nuestro para devolvernos la llamada.

Aunque no seamos conscientes, cada ordenador de la red dispone de su propio IP, compuesto siempre por una serie de doce números, separados en cuatro grupos de tres cifras cada uno (creando una dirección del tipo 156.232.188.253), en los que el número más alto no puede ser superior a 255 ni el más bajo inferior a 0. Esta serie produce un enorme número de direcciones.

Sin embargo, la enorme proliferación de usuarios de la red y el hecho de que muchas de ellas estén reservadas para fines especiales y no puedan ser asignadas a los usuarios ha hecho que las autoridades que gestionan la red hayan comenzado a plantearse la creación de un número IP mayor, que permita disponer de un número suficiente de direcciones para los próximos años. Es lo que se conoce como el IPv6, que será el protagonista de la nueva Internet.

Todas las conexiones tienen una dirección IP, aunque lo más habitual es que ésta no sea fija. Hoy en día, sólo las grandes empresas e instituciones disponen de ellas, junto con los usuarios que disponen de líneas de tipo ADSL y han contratado esta posibilidad. Todos los demás usuarios que acceden a Internet por medio de una conexión normal disponen de lo que se llama IP variable, que es asignada por el proveedor de servicios de Internet (ISP) en cada una de las ocasiones en las que se establece la conexión.

Los dominios de la red

Tenemos claro que las direcciones IP son las que se usan para "llamar" a los diferentes ordenadores de la Red. Pero cualquier usuario de Internet puede decir, con casi toda seguridad, que nunca ha tenido que escribir uno de estos números para acceder, por ejemplo, a su página Web favorita. ¿Qué pasa entonces? Pues sencillamente que han entrado en juego los dominios. Cuando Internet comenzó a

desarrollarse, sin llegar a ser ni de lejos lo que es hoy en día, empezó a complicarse la tarea de recordar las direcciones IP de cada uno de los posibles destinos de la red. Por ello se creó un sistema de asignación de nombres únicos a IP únicas. De esta forma surgió lo que hoy conocemos como Sistema de nombres de dominio, o DNS (*Domain Name System*), que es lo que le permite poder escribir www.google.com en lugar de tener que escribir un código del tipo 216.239.59.104 (aunque también puede hacerlo si quiere y se acuerda del número; haga la prueba si quiere).

El sistema DNS se configura con dos nombres o subdominios:

- **Dominio principal:** Es el que se encuentra en último lugar en la dirección, a la derecha de la misma. Identifica la localización en la que se registra el equipo y se asigna uno a cada uno de los países del mundo, menos a los EEUU. De esta forma, España recibe el dominio **.es**, el Reino Unido recibe **.uk** y así todos los demás, siempre con una longitud de dos caracteres. En el caso de EEUU se asignaron dominios específicos para cada posible tema, pasando así a disponer de dominios como **.gov** para las instituciones gubernamentales, **.com** para las comerciales o **.net** para las organizaciones relacionadas con Internet. También son conocidos como dominios de alto nivel.

- **Dominio secundario o dominio registrado:** Son dominios que se comercializan y que las empresas o particulares pueden adquirir para que sean asignados a sus equipos. Se sitúan antes del dominio principal y no tienen limitación de caracteres, por lo que hay un número infinito de combinaciones posibles. Éstos son los que dan lugar a, por ejemplo NASA. gov o telefonica.com.

De esta forma, gracias a que los nombres de dominio son mucho más fáciles de recordar (y que suelen coincidir, en todo o en parte, con la empresa o el servicio que buscamos), la navegación por la red se hace mucho más sencilla. Con el sistema DNS que proporcionamos a nuestro ordenador es un servidor especializado del ISP, llamado servidor DNS, el que guarda las relaciones entre cada uno de los posibles DNS y su dirección IP (y las actualiza diariamente), usando esta última para realizar la conexión en el último momento.

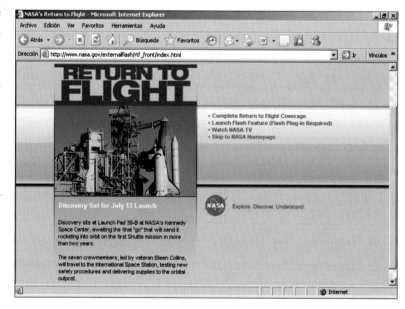

Por último está el término **www** que aparece en cada una de las direcciones.

Este término no es esencial ni obligatorio y, de hecho, no tienen por qué tener ese formato, sino que puede tener cualquier otro, pero es el más habitual en Internet. Depende por completo de la máquina a la que nos conectemos y de los servicios que nos ofrece. Un ejemplo se puede encontrar en http://labs.google.com, un área del buscador Google que se encarga de desarrollar nuevas posibilidades de búsqueda.

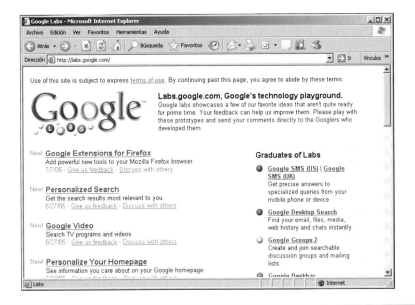

 Si tiene curiosidad por conocer la dirección IP de una de las páginas que visite habitualmente, puede hacerlo desde una ventana de MS-DOS desde Windows. No tiene más que situarse en la línea de comandos (detrás de **c:\>**) y escribir **ping** seguido de la dirección de la página que busque.

Servidores y clientes

En cualquier red hay dos tipos principales de máquinas: las que tienen información y la reparten, y las que piden la información para usarla. Físicamente, sus diferencias no tienen por qué ser apreciables. Pueden tener la misma configuración y los mismos dispositivos. Las diferencias principales están en el software que utilizan. Mientras que las máquinas que contienen la información usan software de servidor, los equipos que solicitan y utilizan la información usan software de cliente. De ahí sus respectivos nombres. Internet no es ninguna excepción. Cada vez que utiliza un servicio de Internet desde su ordenador, está usando uno o varios servidores, que pueden ser servidores DNS (que vimos anteriormente), servidores Web, ftp, de correo electrónico y de muchos otros tipos que veremos más adelante con detalle.

URL

URL: *Uniform Resource Locator*, o Localizador uniforme de recursos. Se trata de una dirección de Internet. En realidad, una URL es la línea de texto completa que ve en la barra de direcciones del explorador o navegador cuando visita una página Web (la dirección de una página, en definitiva), y es muy raro encontrarlas fuera de los navegadores.

Su función es localizar cualquier tipo de documento en la Web, desde un archivo de texto a uno de audio, pasando por las propias páginas de un sitio Web.

La línea que compone la URL se puede descomponer en varias partes, que nos indican, si sabemos descifrarlas, características importantes de la dirección:

- **El prefijo:** Indica el tipo de servidor que estamos buscando. Si se trata de una página Web, será **http://**; si es una transferencia de archivos, será **ftp://**.
- **Nombre del servidor:** Establece el dominio y el servidor que estamos buscando. Es la parte que se encuentra después del prefijo y que tiene una estructura del tipo **www.google.com** (donde la extensión final puede ser la de cualquier dominio de la red).
- **Dirección del recurso:** Identifica el recurso concreto que estamos buscando en la página Web. En el ejemplo anterior sería **search?q=anaya&ie=UTF-8&oe=UTF-8&hl=es&lr=**, que identifica en ese caso la búsqueda que hemos realizado en el servidor http del dominio Google, identificado como comercial.

De esta forma, gracias a la URL podemos visitar con facilidad cualquier página de Internet.

Es probable que si conoce Internet desde hace cierto tiempo haya notado cómo los dominios de alto nivel (TLD), es decir, los que se encuentran en la última parte de la derecha como puede ser el .com han cambiado. Ello se debe a una consulta que realizó el organismo encargado de estos asuntos para conseguir dinamizar la red.

La principal razón hay que buscarla en que los dominios que acababan con .com se encontraban prácticamente agotados, probablemente por ser los más populares de la red. Es por ello que se crearon nuevos dominios genéricos, del que destaca el .info, cuyo objetivo es la información de interés general. En pos de los registros con fines personales, también se decidió conceder el .name, que se destina a los nombres propios. Otros dominios que se habilitaron se refieren a museos o a la industria aeronáutica, y pueden llegar a tener más de tres letras.

La World Wide Web

De sobra conocida por todos los usuarios de la Red, la Word Wide Web es el servicio que más popularidad ha dado a la extensa Internet, principalmente desde el desarrollo del lenguaje HTML que permitió la creación de las ahora conocidas como páginas Web, donde era posible colocar todo tipo de información y dejarla a disposición del público con un formato mucho más gráfico y representativo que el que se utilizaba en ese

momento. Desde el comienzo de su desarrollo, la expansión de la Web ha sido mucho mayor de lo imaginable, poniendo a nuestro disposición todo tipo de recursos e información que de otro modo costaría mucho tiempo, esfuerzo y, sobre todo, desplazamientos conseguir.

Técnicamente, las páginas que forman la Web se componen de textos con formato html (normalmente, aunque hay otras posibilidades), que contienen una serie de etiquetas y vínculos que son los que indican al cliente Web el formato que tiene que dar a la información contenida en esos textos. El código html en sí mismo no incluye otra información que la de los textos, y los vínculos que con-

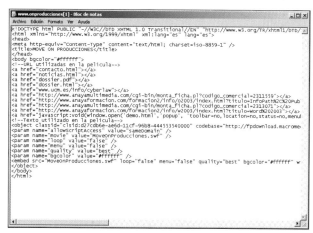

tiene son los que hacen que luego se presenten en la página Web las imágenes, archivos de audio y otro tipo de documentos. Por eso cuando nos falla la conexión a Internet durante el proceso de carga de una Web aparecen muchos mensajes de error en los lugares en los que tenían que haberse descargado estos elementos externos, que son los últimos que carga el navegador, después de los textos y las tablas.

Recuerde que los documentos de la Web siempre se encuentran en Internet bajo el prefijo http://, que identifica los documentos HTML transmitidos bajo el protocolo de hipertexto.

El correo electrónico

El conocido e-mail, o correo electrónico, es probablemente, por la cantidad de tráfico que genera cada día en Internet, el servicio más usado de la Red. Es un sistema de distribución de mensajes entre las personas que están integradas en el ciberespacio gracias a una serie ddirecciones electrónicas preestablecidas, de igual forma que el correo tradicional transporta mensajes entre dos personas de cualquier parte del mundo gracias a unas direcciones físicas establecidas.

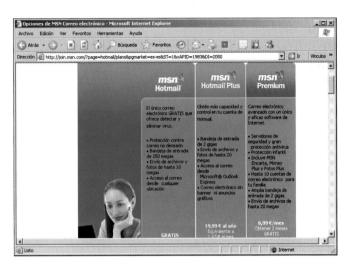

Hoy en día, tras las primeras etapas del correo electrónico en las que no era posible enviar algo que no fueran textos, las posibilidades de este servicio se han incrementado de forma que ya resulta posible incluir en ellos textos con formatos enriquecidos (como html, por ejemplo) y todo tipo de estilos, imágenes, archivos de audio o cualquier otro tipo de archivo que se quiera incluir con un mensaje, gracias a que los clientes de correo disponen de decodificadores y codificadores específicos para convertir todos esos archivos adjuntos, del tipo que sean, en un formato adecuado para enviarlos por correo electrónico.

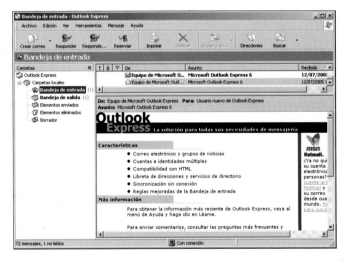

Incluso una página Web completa se puede enviar por correo electrónico. De esta forma, gracias a la inmediatez de este servicio y a la posibilidad de enviar mensajes desde páginas Web, sin necesidad de disponer de una configuración para el correo (como, por ejemplo, los servicios que ofrece Hotmail o cualquier otro proveedor de correo Web), la fama del correo electrónico se ha extendido de forma que rara es la persona que hoy en día no dispone de una cuenta de este tipo.

Su funcionamiento es muy similar al de un apartado de correos como los que podemos encontrar en todas las oficinas de correos. El usuario contrata un servicio con un ISP, que le proporciona una cuenta de correo electrónico y los datos necesarios para acceder a ella desde su ordenador: la dirección de su servidor de correo saliente (servidor SMTP,

Simple Mail Transfer Protocol), que tendrá el formato smtp.proveedor.es, por ejemplo.

A continuación la dirección de su servidor de correo entrante (servidor POP, *Post Office Protocol*) que llevará como formato pop3. proveedor.es, y su cuenta de correo, con el pertinente formato usuario @proveedor.es (el dominio depende de la situación geográfica del proveedor), junto con una contraseña de acceso.

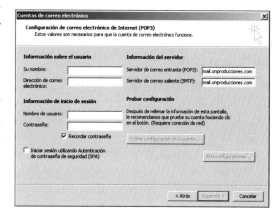

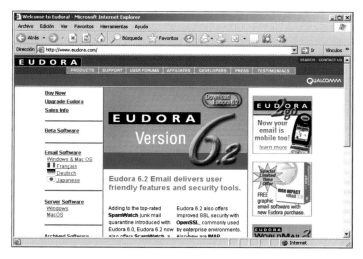

A partir de ese momento, el usuario procederá a configurará su cliente de correo electrónico, como Outlook o Eudora, con los datos proporcionados por el proveedor y podrá acceder en el momento en el que lo desee al servidor para descargar el correo que haya recibido en su ordenador.

El formato del correo electrónico

Uno de los elementos más singulares que Internet ha introducido en nuestra vida diaria es la famosa "arroba", o @, y ha sido gracias a su uso en el correo electrónico. Una dirección de correo electrónico se compone de varios términos, que identifican al usuario y al dominio en el cual el usuario dispone del acceso a su correo, separados por un carácter @ que sirve para que el cliente identifique con independencia al servidor y al usuario. De esta forma, una dirección del tipo usuario@proveedor.com indicará al cliente que debe buscar en primer lugar el dominio del servidor de correo proveedor y, una vez localizado, buscar allí al usuario.

 Recuerde que cuando establezca una cuenta de correo electrónico no podrá usar espacios en blanco ni muchos de los caracteres especiales, como símbolos matemáticos, comillas, eñes, etc., ya que de hacerlo el servidor rechazará su petición. Use sólo los caracteres habituales.

La transferencia de archivos

Cada vez más usuarios envían grandes archivos a otros puntos de Internet, usando para ello uno de los servicios más antiguos y más sencillos de Internet. El sistema funciona como el explorador de Windows, por poner un ejemplo. Un usuario se conecta a un servidor ftp, desde el cual puede acceder a las carpetas y archivos que están contenidos en él. De esta forma

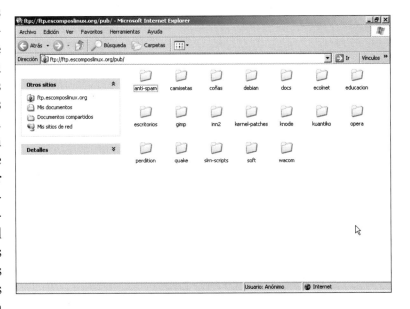

puede modificarlos, copiarlos, borrarlos e incluso añadir más archivos desde las propias carpetas de su disco duro con sólo arrastrarlos a la carpeta del servidor ftp con el que ha conectado.

Por eso es por lo que, al compartir el funcionamiento del explorador de este sistema operativo, los más recientes clientes de transferencia de archivos mediante FTP están tomando un aspecto muy similar al de esta aplicación. De hecho, el sistema operativo Windows permite todavía acceder a un servidor FTP de la única forma en la que se podía hace unos años. Es decir,

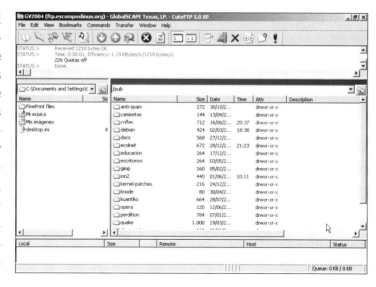

permite iniciar una sesión ftp con uno de estos servidores desde el símbolo del sistema, como si se tratara de una obsoleta sesión de MS-DOS.

El servicio FTP suele ser un servicio privado, entre dos personas o entidades que tienen una relación entre ellas y permiten el acceso a sus servidores mediante una contraseña y un nombre de usuario que les identifica. Si no existe esa relación, no será posible realizar ningún tipo de transferencia. En algunas ocasiones se presentan excepciones, principalmente cuando se trata del denominado FTP anónimo, que permi-

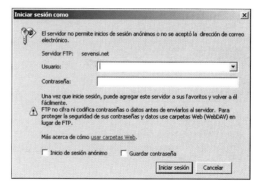

te a los usuarios acceder a servidores FTP que no exigen estar registrado como usuario ni disponer de una contraseña para tener acceso a sus contenidos.

Los grupos de noticias (News)

La naturaleza del ser humano le lleva a compartir la información y a discutir sobre todo tipo de temas, causa principal de muchos tipos de conflictos a lo largo de la historia, pero también de todo tipo de logros (entre los que se puede considerar, sin duda alguna, el germen de lo que es Internet hoy en día). Internet no podía mantenerse alejado de esas discusiones, razón por la que se han desarrollado los llamados grupos de noticias, también conocidos en ocasiones como foros de debate o grupos de discusión.

Se trata de grupos clasificados por temas de la más diversa índole y que se encuentran situados en servidores dedicados, a los que acceden los usuarios que están interesados en cada uno de esos temas. De esta forma los usuarios acceden a los mensajes que otros usuarios envían a estos grupos y pueden contestarlos, creándose discusiones centradas en cada uno de esos temas.

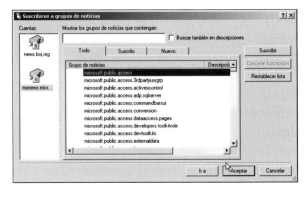

Desafortunadamente, ligerezas en el control de estos grupos de noticias han hecho que muchos de ellos se hayan convertido en foros de intercambio de información ilegal de todo tipo (pornografía, racismo, terrorismo y de muchos otros tipos), por lo que las autoridades que los controlan están poniendo mucho más interés en su control, restringiendo el acceso y los contenidos que pueden ser publicados.

Nota Uno de los primeros usos que se le dio a la Red fue como grupo de noticias entre los que posteriormente serían sus impulsores.

El Chat

Las charlas en directo en Internet, o Chats, tienen origen en un servicio conocido como IRC, o *Internet Relay Chat*, que establece conexiones en tiempo real entre

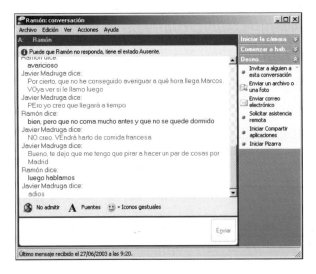

usuarios que se encuentran en lugares comunes, habitualmente llamados salas de chat. En estas salas, organizadas también en función de diversos temas de interés, entran los usuarios interesados, que pueden establecer conversaciones con los usuarios que deseen, de manera privada o pública.

La conversación se mantiene por escrito, estableciendo una alternancia entre las frases que escribe cada uno de los usuarios, diferenciadas habitualmente con diversos colores o por medio de iconos que identifican a cada usuario al principio de la frase que ha enviado, de forma que en una conversación puedan intervenir más de dos interlocutores sin que se produzcan demasiadas confusiones con el origen de cada idea que surja.

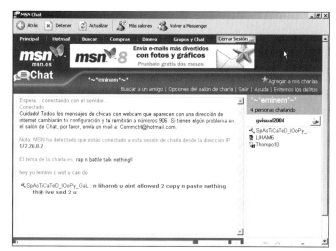

Hoy en día, aparte del IRC original han surgido varias posibilidades de comunicación de este tipo, que permiten que dos o más usuarios se conecten para mantener una conversación, como pueden ser los denominados servicios de mensajería de empresas tales como Yahoo!, AOL o Microsoft. También es posible acceder a estos servicios desde diversas páginas Web, en las que se encontrará las mismas posibilidades, pero que ofrecerán conexiones más lentas, al tener que cargar todos los servicios complementarios de la página, además de los servicios de chat.

Videoconferencias

La videoconferencia, o transmisión de imágenes y sonido en directo a través de Internet con la ayuda de una cámara Web y un micrófono, es uno de los servicios que realmente produce menos tráfico en la Red. Cada vez son más las personas que

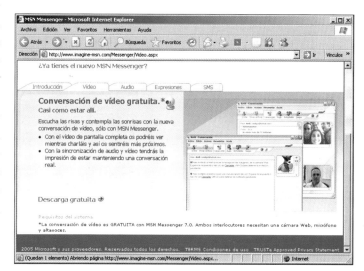

establecen este tipo de "relaciones" a través de la Red, además de las sesiones de trabajo entre empresas separadas físicamente por mucha distancia.

Su uso se ha ido extendiendo, principalmente por la ventaja que supone ver al interlocutor al tiempo que se conversa con él. Para ello sólo necesita disponer de una cámara Web y un micrófono conectado a su ordenador, junto con una aplicación de software que permita hacer uso de estos dispositivos en una conversación (la mayoría de las aplicaciones de mensajería instantánea o de chat los admiten), de forma que envíe las imágenes que recoge la cámara al otro interlocutor.

El problema es que este servicio produce archivos de gran tamaño que han de ser enviados a través de la Red, lo que ralentiza enormemente el proceso de la transmisión, especialmente si se busca una calidad alta. Gracias a tecnologías como las xDSL, es posible disponer de transmisiones mucho más fluidas y sin saltos.

Telnet

Uno de los servicios menos conocidos de Internet, al menos fuera de los círculos más técnicos, es TELNET, que establece una sesión de control en un dispositivo remoto. Es decir, que permite que un usuario acceda a un ordenador distante y lo controle como si se encontrara frente a él.

Se trata de un sistema complicado de manejar y centrado en sistemas Unix, por lo que su desarrollo no se ha extendido. En cualquier caso no debemos dejar de lado su conocimiento debido a que su aportación a la informática fue fundamental, ya que permitió que se pudiera trabajar en otro ordenador como si se estuviera directamente delante de él.

Es posible que haya utilizado este tipo de aplicaciones para consultar hace unos años el catálogo centralizado de la biblioteca de una universidad o para cosas más curiosas como ver la película La guerra de las galaxias en un formato muy especial como el que se muestra en la imagen siguiente.

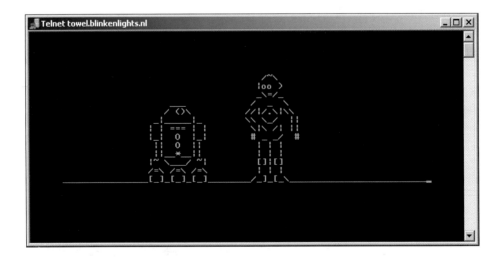

Gopher

Nos encontramos ante otra herramienta de Internet que en su tiempo fue de las más utilizadas para acceder a información y recursos. Lo que Gopher hacía era mostrar un menú que permitía realizar un número determinado de acciones, todo gracias a la arquitectura cliente-servidor en la que se apoyaba. Este tipo de arquitecturas se basan en un ordenador que hace peticiones a otro que es el encargado de resolverlas.

Es uno de los precedentes de la Web, de ahí su interés por mostrarlo en esta obra. Ello es debido a que también era un grupo de servidores Gopher interconectados los que se encargaban de mantener la información, de forma muy similar a como actúa en la actualidad Internet.

De la forma que detallamos en el párrafo anterior, y siempre a través del uso de menús predefinidos, se podía saltar de una equipo o servidor Gopher a otro hasta conseguir la información que estábamos buscando.

En la actualidad Gopher se sigue utilizando en ciertos servidores que están gestionados por universidades u organizaciones gubernamentales. Otro de los términos que puede encontrar asociados a esta red es Veronica, que fue uno de los buscadores más extendidos dentro del sistema Gopher.

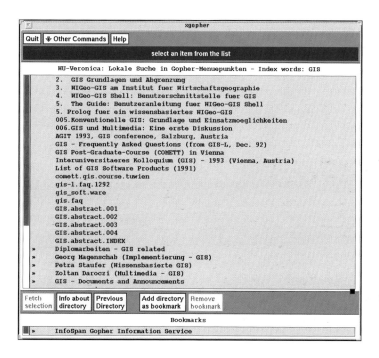

Capítulo 2
Navegadores.
Internet Explorer

La tardía aparición de Microsoft en el mundo de Internet, después de un desinterés inicial en el tema, supuso el desarrollo de su cliente para páginas Web, al que denominó Internet Explorer, con el fin de competir directamente con el hasta entonces líder del mercado, Netscape Navigator.

Como casi siempre, la posición dominante de Microsoft en cualquier mercado se ha hecho una realidad, apoyada por la distribución de Internet Explorer en sus sistemas operativos Windows, dando como resultado una inversión del mercado que les ha llevado a dominarlo, dejando a Netscape Navigator en una posición de absoluta desventaja.

En cualquier caso, la estrategia de mercado de Microsoft no debe hacer desmerecer su producto. En Internet Explorer nos encontramos con un completo navegador, fácil de utilizar para todos aquellos que sólo quieran navegar por la red, sin más complicaciones.

Sin embargo, también dispone de muchas opciones de configuración para todos aquellos un poco más iniciados en el tema y que quieren configurar la aplicación a su gusto.

Por lo tanto, al ser éste el explorador más utilizado en estos momentos para navegar por la red, vamos a dedicar este capítulo a examinar un poco sus recovecos y a aprender a usar sus funciones más interesantes para así aprovechar al máximo todas las posibilidades que nos ofrece.

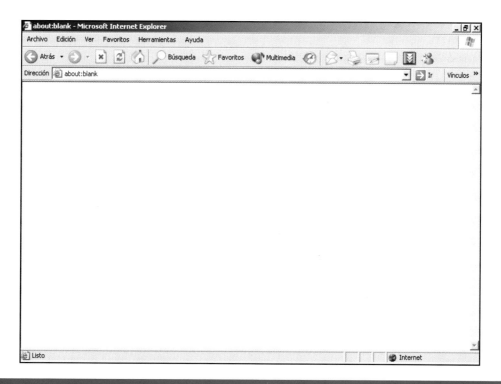

Navegar por la red

Vamos a comenzar a navegar por la red, moviéndonos de página en página hasta encontrar lo que busque. La Web es como una enorme biblioteca en la que puede encontrar de todo, prácticamente de todo. Para casi todo lo que se busque, con un poco de paciencia y usando los vínculos adecuados es bastante posible que pueda encontrarlo.

Los vínculos

También conocidos como hipervínculos, los vínculos de página Web son una de las formas que tiene para moverse de un sitio a otro mientras esté navegando por la red. En realidad los vínculos son enlaces hacia otras páginas Web u objetos.

Un vínculo puede estar representado por una línea de texto, una palabra o una sola letra, e incluso por una imagen, un botón o cualquier otro elemento que se pueda incluir en una página Web. Su aspecto no es lo que importa, sino la página que tiene asignada en su configuración. Es decir, cada vínculo, independientemente de su aspecto, tiene asignada una URL. De esta forma, utilizando los innumerables vínculos que puede encontrarse en una página Web cualquiera, puede ir "saltando" de página a página sin necesidad de conocer las URL de cada una de ellas.

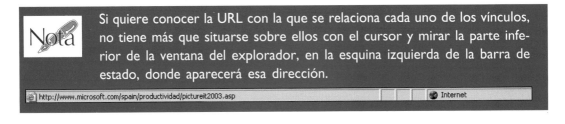

Nota

Si quiere conocer la URL con la que se relaciona cada uno de los vínculos, no tiene más que situarse sobre ellos con el cursor y mirar la parte inferior de la ventana del explorador, en la esquina izquierda de la barra de estado, donde aparecerá esa dirección.

http://www.microsoft.com/spain/productividad/pictureit2003.asp   Internet

Avanzar y retroceder

A partir de este momento todo es muy sencillo. No tiene más que ir haciendo clic en los vínculos para localizar su destino y llegar a él.

Pero si por algún motivo no puede llegar hasta donde quiere, Internet Explorer pone a su disposición una serie de botones, denominados botones estándar, que le facilitarán la tarea de la navegación. Vamos a ver sus funciones.

- **Atrás:** Haciendo clic en él vuelve a la página anterior de su historial de navegación. También dispone de una lista desplegable en la que aparecen las últimas páginas que ha visitado. Haciendo clic en cualquiera de ellas vuelve a visitarla.

- **Adelante:** Si hace clic después de haber usado el botón **Atrás** irá a la siguiente página del historial de navegación. También dispone de una lista desplegable que funciona de igual forma que en el botón **Atrás**.

- **Detener:** Detiene la descarga de una página.

- **Actualizar:** Vuelve a cargar una página cuya carga se ha detenido por motivos de la Red o porque ha hecho clic en **Detener**.

- **Inicio:** Le lleva directamente a la página que tenga configurada como página de inicio.

La barra de herramientas estándar dispone de una serie de botones aparte de los cinco mencionados cuyas funciones veremos más adelante.

Si quiere configurar una página de inicio para su explorador, deberá hacerlo desde el menú Herramientas>Opciones de Internet y seleccionar la pestaña General.

Allí podrá decidir entre introducir su propia página para que sirva como página de inicio, usar la página Predeterminada, usar una Página en blanco o Usar la página actual, cuya URL se encuentra en la barra de direcciones del explorador.

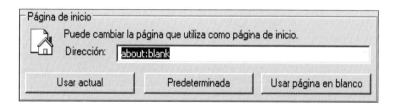

Errores en las páginas

No es extraño encontrarse con errores en la carga de las páginas durante la navegación, por lo que debe conocer las posibles causas.

El error más habitual indica que "No se puede mostrar la página". Puede aparecer por varias causas:

- No disponer de una conexión que esté activa a Internet cuando se quiere cargar la página.

- Haber escrito mal la URL (dirección de la página) en la barra de direcciones.

- El servidor en el que se encuentra la página está apagado o ha perdido el servicio.

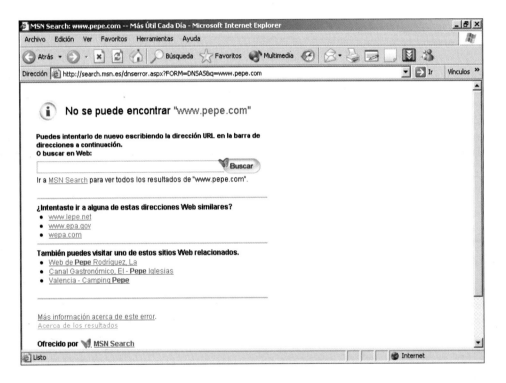

Además es posible recibir otros mensajes de error:

- Si no tiene permiso para ver una página, se mostrará el mensaje *Forbidden* (Prohibido).

- Si el servidor no reconoce la página puede mostrar el mensaje *Page not found* (Página no encontrada), por lo que deberá revisar la dirección que ha introducido o la dirección del vínculo que ha seleccionado.

Múltiples ventanas

Una vez iniciados en el proceso de la navegación puede intentar navegar en varias ventanas al mismo tiempo. De esta forma agilizará el proceso de navegación ya que podrá ver una página mientras otra, u otras, se están cargando.

Para poder navegar de esta forma debe abrir varias ventanas en su navegador. Tiene varias opciones:

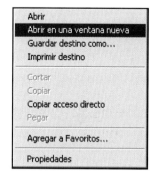

- Puede hacerlo desde el menú de Internet Explorer, en Archivo>Nuevo>Ventana.

- Otra opción consiste en presionar la combinación de teclas **Control-U**.

- Puede hacerlo desde un hipervínculo. En lugar de hacer clic sobre él, debe hacer clic con el botón derecho del ratón y seleccionar Abrir en una ventana nueva.

- También puede mantener pulsada la tecla **Mayús** y hacer clic en el vínculo con el ratón.

Con cualquiera de estos métodos conseguirá que se abra una ventana nueva en su explorador, que contendrá una copia exacta de la página en la que se encontraba cuando realizó la acción, excepto en el caso en el que haga clic sobre un hipervínculo, en cuyo caso se abrirá en la ventana la página a la que se dirige ese enlace.

Uso del historial

Navegar por la red acabará llevándole a cientos, probablemente a miles de páginas si lo hace muy a menudo. Siendo conscientes que es imposible acordarse de todas esas páginas y de que, en muchas ocasiones, necesitará volver a visitar una página para revisar algún dato o para utilizar alguno de sus vínculos, los programadores de esta aplicación han puesto a su disposición los llamados historiales.

Hay tres posibilidades de uso del historial:

Navegación lineal

Se incluye en los botones **Atrás** y **Adelante** de la barra de herramientas de botones estándar, como vimos anteriormente. Le permitirá acceder a las últimas páginas que ha visitado, siempre y cuando no haya cerrado la ventana del navegador, ya que en ese momento se pierden todos los vínculos de las páginas que ha visitado durante la última sesión.

Puede usarlo haciendo clic en el botón **Atrás** para ir retrocediendo de una a una por las páginas que ya ha visitado, o haciendo clic en el botón **Adelante**, (siempre que ya haya usado el botón **Atrás**) de forma que vuelva a la página visitada con anterioridad.

También es posible usar este historial usando la lista desplegable que contiene. Para ello no tiene más que hacer clic en el control de flecha que aparece en el botón para que se despliegue un menú que contiene todos los accesos a cada una de las páginas que ha visitado durante su última sesión de navegación. Allí podrá seleccionar cualquiera de las páginas, sin necesidad de hacerlo linealmente, y llegar hasta la deseada inmediatamente.

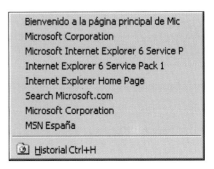

La barra de direcciones

El segundo historial que Internet Explorer pone a su disposición se encuentra en la misma barra de direcciones. A medida que escriba direcciones URL de las páginas que va a visitar, éstas quedan almacenadas en un historial al que podrá acceder posteriormente.

Para acceder a las direcciones contenidas en este historial no tiene más que hacer clic en la flecha que se encuentra en el extremo derecho de la barra de direcciones, junto a otra flecha verde. Al hacerlo se abrirá un menú desplegable que contendrá todas las direcciones visitadas, donde podrá elegir la página que quiere visitar haciendo clic sobre ella con el ratón o moviéndose hacia arriba o hacia abajo con las flechas de dirección del teclado. Debe recordar que entre estas direcciones sólo aparecerán las que haya introducido manualmente en la barra de direcciones y sobre las que haya presionado **Intro** para acceder a ellas.

Las páginas introducidas en la barra de direcciones y que hayan dado errores, sin poder acceder a ellas, no se almacenarán en este historial.

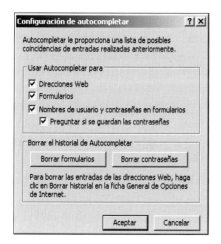

La barra de herramientas ofrece una segunda opción para las direcciones, la de Autocompletar. Esta opción permite que Internet Explorer recuerde las direcciones que ha introducido y que, mientras esté introduciendo una nueva dirección, le ofrezca una lista desplegable con todas las opciones, de entre las que tiene almacenadas, que coincidan con los caracteres que ha introducido hasta el momento.

Para activar la función Autocompletar debe dirigirse a Herramientas>Opciones de Internet>Contenido>Autocompletar, y allí seleccionar las ocasiones en las que quiere que funcione esta opción.

 Debe tener cuidado con las opciones de la función Autocompletar, puesto que pueden recordar las contraseñas que introduzca, lo que puede ser aprovechado por algún otro usuario del PC para acceder a contenidos restringidos.

El historial del navegador

La última opción que ofrece Internet Explorer para recordar las páginas que ha visitado es el historial del navegador, que sin duda es la más completa de todas. Este historial almacena todas las direcciones que visite durante un periodo de tiempo determinado, que puede configurar a su gusto.

Para poder acceder al historial tiene diversas opciones:

- Hacer clic en el botón **Historial** de la barra de herramientas de Internet Explorer.

- Usar la combinación de teclas **Control-H**.

- Dirigirse a Ver>Barra del explorador>Historial.

En cualquiera de estos tres casos se abrirá una ventana en la parte izquierda de su pantalla en la que podrá encontrar una completa lista con todas las direcciones que ha estado visitando.

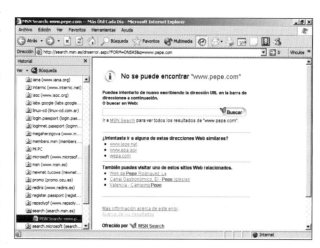

Configuración y administración

El historial de Internet Explorer permite realizar ciertas acciones con los vínculos que presenta, posibilitando de esta forma que los administre a su gusto. Vamos a ver cuáles son estas opciones.

Al iniciar el historial se presenta una lista de las URL de las páginas, organizadas según las fechas en las que han sido visitadas. Sólo tiene que hacer clic en cada una de las carpetas para que se expandan. Dentro aparecerán una serie de carpetas correspondientes a cada uno de los sitios Web, que contienen todas las páginas de cada uno de ellos.

Si hace clic con el botón derecho del ratón sobre estas direcciones, podrá ver las opciones que tiene para administrarlos:

- **Abrir:** Le permite abrir el vínculo en la ventana activa.

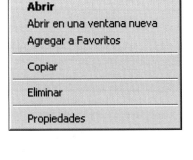

- **Abrir en una ventana nueva:** Abre el vínculo en una nueva ventana del explorador.

- **Agregar a Favoritos:** Añade a sus favoritos la dirección de la página seleccionada.

- **Copiar:** Copia la dirección en el portapapeles de Windows.

- **Eliminar:** Borra la dirección del historial.

- **Propiedades:** Presenta las propiedades de la URL.

Además, el historial nos permite clasificar las páginas en función de una serie de criterios predeterminados que aparecen en una lista desplegable en la parte superior del historial, en el botón **Ver**:

- **Por fecha:** Los presenta en orden cronológico.

- **Por sitio:** Los presenta en función de los sitios Web a los que pertenecen.

- **Por el más visitado:** Presenta desde la página más visitada a la menos visitada.

- **Por orden de los visitados hoy:** Presenta en primer lugar la más recientemente visitada.

Administrar y conservar las imágenes

Una de las grandes ventajas que ofrece la navegación por Internet es la posibilidad de ver imágenes junto con los textos, e Internet Explorer ofrece diversas opciones para actuar con esas imágenes.

De hecho, una de las novedades que presenta esta versión de Internet Explorer se relaciona con la visualización de las imágenes. Desde ahora, cuando descargue una imagen cuyo tamaño sea superior al de la ventana del explorador, ésta reducirá automáticamente su tamaño para ajustarse al de la ventana, de forma que siempre vea la imagen completa.

Si quiere ver la imagen a su tamaño original, no tiene más que situarse sobre la imagen y observará cómo en su esquina inferior izquierda aparece un icono. Si hace clic en él, la imagen volverá a su tamaño original, aunque supere el tamaño de la ventana.

Para invertir el proceso no tiene más que volver a hacer clic en el icono.

Junto con este icono, cuando pase el cursor del ratón sobre la imagen también aparecerán una serie de botones en la esquina superior derecha de la imagen que facilitan varias de las posibles acciones que se pueden realizar con la imagen. Éstas son:

- **Guardar imagen como:** Podremos seleccionar el lugar de nuestro disco duro en el que guardar una copia de la imagen descargada.

- **Imprimir imagen:** Imprime automáticamente en el dispositivo de impresión predeterminado.

- **Enviar por correo electrónico:** Envía la imagen por correo electrónico a una dirección determinada.

- **Ir a Mis imágenes:** Abre la carpeta Mis imágenes de Windows.

Junto con estas opciones dispone de otras que aparecerán haciendo clic con el botón derecho del ratón sobre la imagen seleccionada:

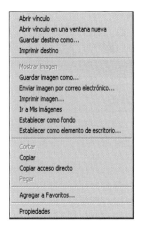

- **Mostrar imagen:** La imagen se cargará de nuevo en caso de que se haya detenido su carga.

- **Establecer como fondo:** Hace que la imagen aparezca como fondo del escritorio de Windows.

- **Establecer como elemento del escritorio:** Agrega la imagen como un elemento del escritorio activo de Windows.

Búsqueda en las páginas

La primera de las opciones de búsqueda que ofrece Internet Explorer es la de buscar cadenas de texto en las páginas Web que ha cargado en el explorador. Esta función resulta muy útil para localizar alguna palabra o un texto concreto en una página. Para utilizar esta función dispone de dos opciones. Puede pulsar la combinación de teclas **Control-F** o dirigirse al menú Edición>Buscar en esta página. En ambos casos se abrirá un cuadro de diálogo llamado Buscar en el que se encontrará con una serie de campos, que podrá utilizar para restringir la búsqueda que va a realizar en la página Web:

- **Buscar:** Es el campo en el que hay que introducir la cadena de texto que hay que buscar.
- **Buscar siguiente:** Haga clic en este botón para que se le presente la siguiente opción encontrada.
- **Palabra Completa:** Úselo para forzar al explorador a que busque únicamente palabras completas.
- **Mayúsculas/Minúsculas:** Actívelo para forzar la coincidencia de mayúsculas o minúsculas en la cadena de búsqueda.
- **Dirección Arriba/Abajo:** Establece el sentido en el que se establece la búsqueda en el documento.

Recuerde que Internet Explorer siempre comenzará la búsqueda en el punto en el que se encuentre el cursor.

Buscar en la Red

Casi todos los usuarios estarán acostumbrados a realizar las búsquedas en Internet utilizando los más famosos motores de búsqueda a los que se puede acceder en la Red, como pueden ser Google, Yahoo, Altavista y muchos otros. Pero no debe despreciar el buscador que incluye el propio Internet Explorer, que también puede proporcionarle resultados adecuados a sus investigaciones. Estamos hablando del buscador de Microsoft, MSN.

Para ello tiene que hacer clic en el botón **Búsqueda** situado en la barra de herramientas del explorador. Se abrirá una barra en la parte izquierda del explorador, donde se realizarán todas las búsquedas y donde se podrá personalizar la configuración del buscador.

Vamos a ver sus opciones:

- Dispone de un campo de texto llamado Buscar páginas Web que contengan en el que debe introducir la cadena de texto que quiere buscar en Internet.

- Puede escoger entre Buscar una página Web, que buscará la cadena seleccionada en páginas Web de Internet, o Búsquedas anteriores, donde podrá seleccionar que se busque la cadena entre alguna de las búsquedas que haya realizado con anterioridad. Si selecciona esta opción, podrá escoger la búsqueda en la que desea buscar el texto en una lista que contiene todas las búsquedas anteriores.

- La última posibilidad es decidir si en lugar de realizar una búsqueda en Internet desea buscar elementos en su propio ordenador, con la opción Archivos o Carpetas, otros ordenadores conectados a su red, con la opción Equipos, o buscar personas en su libreta de direcciones, con la opción Gente.

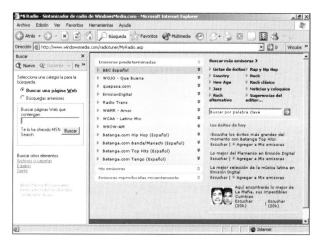

Además de las opciones de búsqueda, haciendo clic en el botón **Personalizar** accederá a una serie de opciones para configurar a su gusto las posibilidades de búsqueda, dentro del cuadro de diálogo Personalizar opciones de búsqueda:

- Seleccione Utilizar el asistente de búsqueda si desea personalizar la configuración de la búsqueda.

- Seleccione Usar un servicio de búsqueda si desea que la búsqueda se realice desde un motor de búsqueda predeterminado.

- El resto de opciones, Buscar una página Web o Búsquedas anteriores, funcionan de manera similar a la que lo hace en la sección de búsqueda.

- Haciendo clic en el botón Configuración de Autosearch se abrirá un cuadro de diálogo en el que podrá seleccionar el proveedor en el que se va a realizar la búsqueda, además del modo en el que se presentarán los resultados en la ventana del explorador.

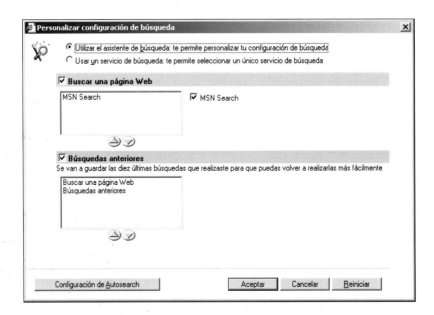

De esta forma podrá realizar cualquier tipo de búsqueda desde Internet Explorer sin necesidad de cargar antes la página de un motor de búsqueda.

Tenga en cuenta que la mayor parte de su navegación partirá de una búsqueda realizada por cualquiera de los medios que se analizan en el libro. Por esta razón resulta muy importante que dedique cierto tiempo a familiarizarse y dominar estas herramientas.

Con el tiempo y la experiencia que adquiera, se dará cuenta de que según la cadena de búsqueda que utilice sus resultados satisfarán en mayor o menor grado sus expectativas y se adecuarán de la misma forma a su propósito.

El motor de búsqueda que le proporciona Internet Explorer, es una opción rápida para trabajar. De hecho, una de las disputas más actuales es la que se desarrolla entre los tres buscadores principales, Google, MSN y Yahoo por conseguir ser el de mayor uso.

Otra opción es usar los vínculos relacionados. Vaya a Herramientas >Mostrar Vínculos Relacionados, para que Internet Explorer le presente una lista de los vínculos a páginas Web que pueden estar relacionados con la página que está viendo en ese momento.

Sus páginas favoritas

Ya hemos comentado en ocasiones lo complicado que resultaría recordar la dirección IP de una página Web (recuerde, esa serie de doce números dividida en cuatro grupos de tres, como en 156.232.188.253) si no fuera porque dispone de los servidores DNS que hacen que sea posible introducir una URL en su navegador, encargándose ellos de "traducirla" a la dirección IP asignada.

Pero aún así, después de navegar cierto tiempo en Internet seguro que comienza a acumular multitud de direcciones que le interesa recordar por uno u otro motivo. Para todas esas direcciones es para lo que Internet Explorer dispone de la carpeta llamada Favoritos.

En la carpeta Favoritos podrá almacenar las URL de las páginas que quiera para posteriormente acceder a ellas con sólo hacer clic sobre ellas, de forma que no tenga que recordar su dirección en ningún momento.

Todas las páginas que guarde en la carpeta Favoritos podrán ser organizadas en carpetas, podrá modificar sus nombre e incluso comprimirlas.

En definitiva, podrá trabajar con ellas como con cualquier otro tipo de archivo que se encuentre en su equipo.

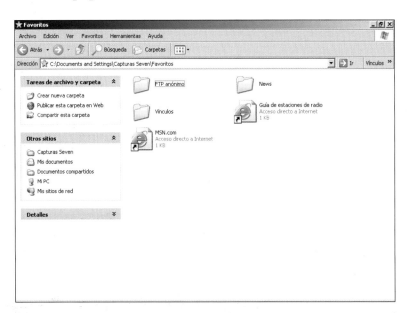

La carpeta Favoritos es como cualquier otra carpeta de archivo del ordenador. De hecho es completamente independiente de Internet Explorer y se guarda en C:\Documents and Settings\Usuario\Favoritos (donde Usuario es el nombre del usuario asignado al PC). Puede trabajar con ella como con cualquier otra carpeta de Windows.

Funcionamiento y organización

Lo primero que hay que hacer es aprender a guardar los favoritos. Una vez que sepa cómo hacerlo, podrá explorar la mejor forma de organizarlos de manera que su uso resulte ser lo más cómodo posible.

Para añadir un favorito a la carpeta en que se guardan habitualmente tiene varias formas posibles:

 Recuerde que la forma más sencilla de añadir una página a la carpeta de favoritos es tener esa página activa en el explorador.

- Haga clic con el botón derecho del ratón en la página que desee agregar a los favoritos, y seleccione Agregar a favoritos en el menú desplegable que aparecerá.

- Seleccione en el menú Favoritos>Agregar a favoritos.

- Si tiene abierta la sección Favoritos en la parte izquierda de la ventana del navegador (que se abre haciendo clic en el icono Favoritos de la barra de herramientas de botones estándar), puede agregar un elemento haciendo clic en el botón **Agregar a Favoritos** que se encuentra en la parte superior de la sección.

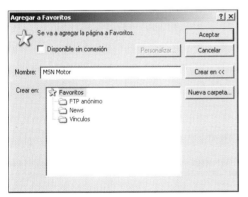

De cualquiera de las tres formas accederá a un cuadro de diálogo llamado Agregar a favoritos en el que podrá decidir la ubicación del nuevo acceso directo en la carpeta Favoritos. Si no dispone de una carpeta adecuada en la que guardar el acceso, podrá crearla haciendo clic en Crear en, seleccionando la carpeta adecuada y, a continuación, haciendo clic en **Nueva carpeta**.

Así podrá crear una carpeta en la que guardar sus favoritos. Si desea poder acceder a todos los elementos de la página, también podrá hacerlo seleccionando la casilla de verificación Disponible sin conexión.

 En ocasiones es útil hacer que una página esté disponible sin conexión, pero esto hace que se ocupe mucho espacio en el disco duro. Le recomendamos que use únicamente esta opción con páginas que vaya a necesitar muy a menudo y que no se actualicen con mucha frecuencia, ya que no tendrá acceso a los nuevos contenidos.

Una vez que tenga un elemento en la carpeta Favoritos podrá acceder a él siempre que quiera. No tiene más que hacer clic en el menú Favoritos de la barra de herramientas de botones estándar y se abrirá un menú desplegable que incluye todas las carpetas y subcarpetas que están incluidas en Favoritos. Podrá moverse entre las carpetas usando el ratón hasta encontrar la dirección que desea y hacer clic sobre ella para abrirla.

La otra forma de acceder a los favoritos es desde el botón **Favoritos** que también se encuentra en la barra de herramientas de botones estándar. Cuando haga clic en él aparecerá un menú en la parte izquierda de la ventana del explorador que contendrá todos los elementos de la carpeta Favoritos. Haciendo clic en las carpetas verá los elementos que contienen, que podrá abrir haciendo clic en ellos.

Organizar los favoritos

Es posible trabajar con los elementos de la carpeta Favoritos de igual forma que lo hace con los elementos de cualquier otra carpeta. Puede moverlos de una carpeta a otra arrastrándolos con el ratón, usar cortar, copiar y pegar desde el menú Edición de la carpeta (teniendo los elementos seleccionados previamente), o hacer clic con el botón derecho sobre ellos y utilizar cualquiera de las opciones que Windows ofrece habitualmente.

Pero Internet Explorer ofrece una opción propia para trabajar con los favoritos. En el menú Favoritos o en la sección que se abre al hacer clic en el botón **Favoritos** puede seleccionar Organizar favoritos.

Se abrirá un cuadro de diálogo llamado Organizar Favoritos en el que podrá:

- Desplazar un acceso a una carpeta haciendo clic en **Mover a carpeta** y seleccionando posteriormente la nueva carpeta en la que debe estar.

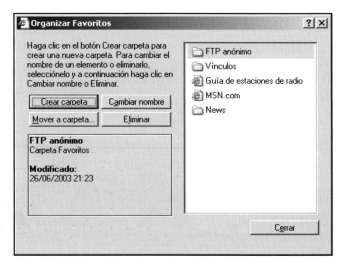

- Crear una nueva carpeta para incluir dentro los accesos haciendo clic en **Crear carpeta**.

- Cambiar el nombre con el que se identifica uno de los accesos directos haciendo clic en **Cambiar nombre**.

- O, finalmente, suprimir algún elemento de la lista haciendo clic en **Eliminar**.

Con todas estas posibilidades podrá mantener su carpeta Favoritos organizada de forma que siempre encuentre el vínculo que necesita.

La barra de vínculos

Existe una última opción ofrecida por Internet Explorer para que administre sus vínculos. Es la llamada barra de vínculos, que se encuentra siutada en la parte superior del explorador, bajo la barra de herramientas de botones estándar.

Es posible arrastrar a ella cualquier vínculo desde la barra de direcciones y éste quedará allí ubicado en forma de botón, que podrá utilizar en cualquier momento para acceder a la URL relacionada.

En realidad, esta barra no es más que una subcarpeta más de la carpeta Favoritos, por lo que podrá trabajar con sus elementos de igual forma que con los que describimos anteriormente, pudiendo cambiar su nombre, abrir la dirección relacionada, eliminarlo y utilizar cualquier otra de las opciones de administración.

No olvide tener en cuenta que la barra de vínculos dispone de un espacio limitado. Es por ello que en este apartado sólo debe incluir los enlaces que visite con mayor asiduidad.

Para el resto dispone de la carpeta favoritos, por lo que debe conjugar ambas opciones para optimizar su navegación.

Nota

Acostumbrarse a utilizar la barra de favoritos le ahorrará mucho tiempo para acceder a las direcciones Web que visite con más frecuencia. Mediante su organización podrá tener perfectamente planificadas cada una de las áreas de actuación de su trabajo diario o de su ocio.

Elementos multimedia

En un mundo multimedia como en el que vivimos, Microsoft llevaba demasiado tiempo alejada de todas las opciones que estos elementos nos pueden ofrecer. Pero desde la versión 6 de Internet Explorer se han puesto al día, ofreciéndonos una barra de herramientas específica denominada barra multimedia, que aparece en el mismo lugar que las barras de historial y de los favoritos. Para que aparezca tendrá que hacer clic en el botón **Multimedia** que se encuentra en la barra de herramientas de botones estándar.

La interactividad de las páginas Web que resultan más populares hoy en día en Internet, entre las que destacan las de música, vídeo, imágenes y muchos otros elementos, exige en muchas ocasiones disponer de reproductores específicos para cada uno de esos tipos de archivo.

Sin embargo, ahora con la aparición de la barra multimedia puede evitar la instalación de muchos de estos reproductores, ya que desde ella se le ofrece la posibilidad de reproducir cualquier tipo de archivo multimedia sin necesidad de usar otra aplicación, siempre que tenga instalados los codecs y complementos necesarios.

De esta forma se encontrará con que en la parte superior de la barra aparece una página Web pequeña a la que se conecta desde el principio.

Esa página, www.windowsmedia.com, presentará una serie de enlaces a las últimas noticias del mundo multimedia, tanto de música como de vídeo o radio. De esta forma siempre estará al día de los últimos contenidos.

En la parte inferior de la pantalla encontrará una barra con los controles habituales de un reproductor multimedia, que le permitirá controlar la presentación de cualquier elemento multimedia que seleccione.

Un codec es una pequeña aplicación que le permitirá reproducir un tipo de archivo determinado, especialmente si se trata de un elemento de vídeo o de audio. Debido a la gran proliferación de nuevos formatos, cada vez es más habitual tener que descargar un codec específico para poder acceder a ciertas visualizaciones, aunque no deberá preocuparse ya que el programa hará la tarea automáticamente por usted.

Caché

Gracias a los últimos desarrollos de los exploradores, ahora dispone de opciones que permiten acelerar la navegación e incluso navegar sin disponer de conexión, cuando se trata de ver páginas que ya ha visto anteriormente.

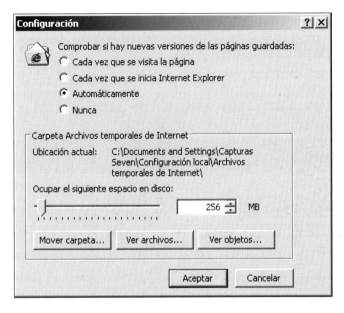

Para ello, cuenta con la caché del explorador, que le permite guardar en su disco duro una copia de las páginas que vaya visitando y establecer unas normas de revisión que permitan la actualización automática de estas páginas cuando sus contenidos se hayan modificado.

Para utilizar estas opciones, debe dirigirse a Herramientas>Opciones de Internet>General>Archivos Temporales de Internet>Configuración. De esta forma accederá a un cuadro de diálogo llamado Configuración en el que podrá establecer las opciones a su gusto.

Puede establecer la frecuencia en la comprobación de las versiones de las páginas guardadas:

- **Cada vez que se visita la página:** Es la más lenta, pues realiza todas las comprobaciones aunque no sea necesaria la actualización.

- **Cada vez que se inicia Explorer:** Verifica todas las versiones en el momento en el que inicia el explorador.

- **Automáticamente:** Es la opción predeterminada y en la que el explorador se encarga de detectar la necesidad de actualización de la página.

- **Nunca:** No modifica el contenido de la página en ningún caso.

Recuerde que todos estos archivos son los que usará el explorador cuando haya activado la opción Disponible sin conexión en alguno de sus favoritos, por lo que si vacía el contenido de la carpeta no podrá trabajar sin conexión con esas páginas.

Y también puede establecer la configuración de la carpeta en la que se guardan los archivos temporales de Internet:

- Puede establecer la ubicación de la carpeta en la que se almacenan estos archivos o modificarla haciendo clic en **Mover carpeta**.

- Puede establecer el tamaño que ocupará esa carpeta en su disco duro. Importante si no dispone de mucho espacio en su unidad.

- Y, por último, puede ver los archivos y los objetos que se han guardado en la carpeta de archivos temporales.

Si quiere eliminar el contenido de la carpeta, deberá hacerlo en Herramientas>Opciones de Internet>General>Archivos Temporales de Internet y hacer clic en Eliminar archivos.

Las Cookies

¿Alguna vez ha entrado en una página Web, proporcionado algún dato y se ha sorprendido porque en la siguiente visita a la misma página ésta se ha acordado de sus datos? No es un milagro, ni es que haya alguien controlando quién accede a cada página, sino que en la primera ocasión que visitó la página se guardó en su ordenador (en el del usuario) un archivo que contiene los datos de su última visita. Ese archivo que se encuentra en su disco duro es lo que se llama cookie.

En general suelen ser elementos muy útiles ya que le permiten no tener que recordar cada dato que proporciona en una página Web, pero presentan sus desventajas. En primer lugar, la vida de las cookies no es fija. Tienen una duración determinada, que puede ir desde la duración de la sesión hasta ser permanentes, por lo que puede que cuando la necesite ya no esté disponible.

Pero sobre todo su mayor pega estriba en que pueden almacenar información que no le interesa divulgar. Por ejemplo, pueden contener nombres de usuario o contraseñas de sitios con acceso restringido, números de teléfonos privados e incluso información de tarjetas de crédito, lo que puede llegar a ser peligroso para sus cuentas corrientes. Por ese motivo principalmente es por el que hay que tener mucho cuidado con los datos que se introducen en cualquier página Web que se visita y no introducir ningún dato que sea importante, a menos que se esté completamente seguro de que se está trabajando con un servidor seguro al cien por cien.

Si accede a Herramientas>Opciones de Internet>General>Archivos Temporales de Internet y hacer clic en Eliminar cookies podrá borrar todas las cookies almacenadas en su explorador, teniendo así más control sobre su privacidad.

Navegación segura

Además de eliminar manualmente las cookies, Internet Explorer brinda la posibilidad de establecer niveles de seguridad predeterminados que controlan las posibles intrusiones y los elementos que se ejecutan en su sistema mientras está navegando.

Para establecer las opciones de seguridad deberá acceder desde Herramientas>Opciones de Internet>Seguridad. Allí encontrará diversas opciones que, debido a su complejidad, no pueden entrar completamente en el contenido de este libro, por lo que le recomendamos que las explore con tranquilidad y establezca la configuración que le resulte más adecuada a sus necesidades de navegación.

Seguridad infantil

Cada vez más los más pequeños de la casa son los que dominan el ordenador y los que enseñan a sus mayores los secretos de Internet. Pero precisamente su edad es lo que les hace ser curiosos e intentar acceder a cualquier recurso que se encuentran en la red.

Y no todos son adecuados para los menores. Por ese motivo Internet Explorer pone a su disposición un Asesor de contenido que le permite controlar las páginas que se pueden o no se pueden ver, creando incluso la figura de un supervisor que, por medio de una contraseña, controla la modificación de estas páginas.

Al igual que en el caso de los niveles de seguridad, el número de opciones disponibles en el Asesor de contenidos es tan grande que no podemos abarcarlas en este libro, por lo que le recomendamos que sea usted mismo el que explore cada una de ellas y decida la configuración más adecuada para su entorno familiar.

Impresión

La última posibilidad de la que dispone en Internet Explorer para ver las páginas Web que visite en las mejores condiciones es no verlas en la pantalla del ordenador, sino imprimirlas en papel.

Para ello tiene que haber configurado con anterioridad la página tipo en la que se va a imprimir el documento. Diríjase a Archivo y seleccione Configurar página.

En el cuadro de diálogo Configurar página podrá seleccionar el tamaño de la misma, su orientación, los márgenes y establecer un encabezado o un pie de página predeterminados.

Una vez establecida la configuración de la página, podrá imprimirla haciendo clic con el botón derecho del ratón y seleccionando Imprimir en el menú desplegable, escogiendo Archivo>Imprimir o pulsando la combinación de teclas **Control-P**.

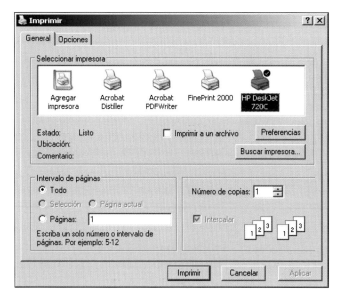

En cualquiera de los casos se abrirá el cuadro de diálogo Imprimir en el que podrá seleccionar el dispositivo de impresión (si es que dispone de más de uno) y configurar sus preferencias, hacer que la página se imprima en un archivo, imprimir varias copias de la misma página o imprimir únicamente ciertas páginas del sitio Web.

De esta forma, si la página Web contiene algún dato que le parezca particularmente interesante siempre podrá disponer de una copia impresa que podrá llevar a cualquier parte.

Tamaño de letra

A la hora de crear una página Web se define una resolución de pantalla en la que se basará el contenido. La más extendida sigue siendo la de 800 x 600, aunque en monitores con mayor resolución el tamaño de letra se verá muy pequeño.

Si quiere cambiar el tamaño de letra de una página Web, deberá hacer clic en Ver>Tamaño de texto y seleccionar en el menú desplegable la opción que desee. En la imagen que se muestra puede ver el paso a seguir.

Tenga en cuenta que ampliar el tamaño del texto puede hacer que la página se descabale si no está bien programada. En tal caso puede que la lectura se haga imposible, lo que se subsanará volviendo a poner el tamaño normal. En otras ocasiones puede que el intento de cambiar el tamaño de la letra sea infructuoso debido a que la página que está visualizando se encuentra diseñada en Flash, lo que imposibilita realizar cualquier cambio a no ser que haya sido previsto con anterioridad por el programador.

Debido a las últimas recomendaciones sobre accesibilidad, cada vez son más los sitios Web que permiten seleccionar el tamaño del texto para favorecer su legibilidad. Otra opción que puede resultar interesante en Internet Explorer es la de Pantalla completa. Para acceder a ésta sólo debe utilizar la tecla **F11**. Ésto eliminará el marco del explorador y la barra de tareas de Windows. Además, esta opción también se puede utilizar a la hora de trabajar con el explorador de archivos del propio Windows.

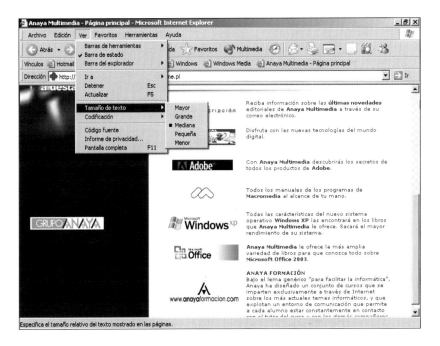

Capítulo 3
Otros navegadores

La competencia de Microsoft

A pesar de tener prácticamente la hegemonía del mercado, Internet Explorer no es el único navegador entre nosotros. Ni siquiera es el primero, como ya comentábamos en el capítulo anterior cuando hacíamos referencia a la entrada tardía de Microsoft en el mundo virtual de Internet. En este capítulo vamos a estudiar los otros navegadores que hay en el mercado, desde Netscape, sucesor de Mosaic, que sí fue el primero, hasta Opera, el más independiente de los navegadores. La mayor parte del capítulo la centraremos en el análisis de Mozilla Firefox, una navegador de código abierto que se está situando como el segundo más utilizado en la red, y que fue creado gracias al código (también abierto) de otro navegador, Netscape.

El objetivo principal de las líneas que siguen es brindarle un amplio conocimiento de otras de las herramientas que podrá utilizar en su relación con Internet, para que luego pueda decidir cuál es la más adecuada y que mejor se adapta a sus necesidades. En cualquier caso debemos prevenirle de que algunos programadores no tienen en cuenta estos otros programas, por lo que su navegación puede resultar algo más tortuosa y complicada en casos determinados si no es usuario de Internet Explorer.

Una aplicación de código abierto es aquella que se desarrolla bajo la filosofía de que todos sus usuarios puedan ver su código, es decir sus tripas. Lo que se busca es que todo el mundo pueda conocer a fondo el programa para así poder colaborar en su desarrollo y evolución.

Cómo instalarlo

Como ya adelantábamos en el capítulo anterior, el primer navegador del que nos vamos a ocupar es la versión Firefox de Mozilla. La instalación de Firefox es sencilla, como en casi todas las aplicaciones de la actualidad. Para disponer de la última versión, la mejor solución es dirigirse a www.mozilla.org, donde, desde el área Free Download, podrá descargar en su sistema la última versión de la aplicación.

No se asuste porque la aplicación se encuentra ya traducida al castellano, razón por la que no se encontrará con ningún problema para comenzar a utilizarla.

Para poder completar la instalación satisfactoriamente, deberá elegir entre almacenar la aplicación en su disco duro o ejecutarla directamente.

En el momento de escribir este libro, la versión más reciente de Firefox es la 1.0.6, que es la que se ha utilizado para el desarrollo de este capítulo.

Apariencia de la aplicación

La estructura de la ventana principal de Firefox sigue la estructura habitual de los navegadores, dividiéndose en diversas secciones que pueden facilitar la navegación y encontrar prácticamente cualquier página que necesite. Vamos a ver sus diferentes secciones:

- **Barra de menús:** Contiene los diferentes menús que permite trabajar con todas las opciones de Mozilla.

- **Barra de navegación:** Contiene los controles básicos de la aplicación: Atras, Adelante, Actualizar página, Detener, Inicio, junto con el cuadro de texto en el que introducir las direcciones de las páginas.

- **Barra de marcadores:** Incluye los accesos directos a aquellas páginas que sean más utilizadas por el usuario. Al igual que el resto de las barras de herramientas es prácticamente definible o adaptabla en su totalidad por el usuario.

- **Ventana de contenidos:** Es la ventana en la que se presenta el contenido de las páginas Web.

- **Barra de estado:** Muestra la información de la carga de la página, junto con iconos que le informan del estado de la conexión, la existencia de cookies y la seguridad de la página.

Como puede ver, la mayoría de los elementos coinciden con los que ya hemos desarrollado en el análisis del navegador de Microsoft. Sigamos viendo el resto de sus características.

Exploración de la Red

La navegación en Firefox se lleva a cabo de manera muy parecida a la de cualquier otro explorador. Los hipervínculos son los elementos fundamentales en ella, ya que le permiten saltar de una página a otra sin conocer sus direcciones. Como siempre, no hay más que situarse sobre ellos y hacer clic para que el navegador cargue la página relacionada con el vínculo.

La barra de navegación es la que le permite controlar los diversos aspectos del trabajo con las páginas, gracias a los botones que incluye, que presentan las funciones básicas:

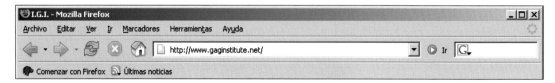

- **Ir a la página anterior y siguiente:** Permiten la navegación lineal entre las páginas visitadas, desplazándole a la página anterior o a la siguiente, además de presentar una lista desplegable en la que poder escoger directamente la página a la que se quiere acceder.

- **Recargar esta página:** Actualiza una página cuya descarga se ha detenido por cualquier motivo, mostrando de nuevo todos sus elementos.

- **Parar la carga de esta página:** Detiene el proceso de carga de una página para el caso en el que sus contenidos no sean los que se necesitan, o por cualquier otro motivo.

- **Inicio:** Carga la página que se haya definido como inicial.

- **Cuadro de direcciones:** Es el cuadro de texto en el que se deben introducir las direcciones de las páginas que se quiere visitar.

- **Cuadro de búsqueda:** Se trata de otro cuadro de texto que le permite realizar una búsqueda en cualquiera de los sitios Web que tiene definido. Entre ellos puede elegir Google, la RAE o eBay.

Gracias a los diversos controles de esta barra podrá desplazarse sin problemas por el espacio de Internet, visitando todas las páginas que necesite.

Archivo de marcadores

Los Marcadores son a Firefox exactamente lo mismo que los Favoritos a Internet Explorer.

Permiten almacenar las direcciones de las páginas que considere más interesantes, disponiendo de ellas en el momento que las necesite.

Su uso es muy similar. Lo primero que debe hacer es agregar los marcadores que necesite. Para ello dispone de varias opciones:

- Presionar la combinación de teclas **Control-D**.

- Hacer clic con el botón derecho del ratón en la ventana de contenidos y seleccionar **Añadir esta página a marcadores** en el menú desplegable que aparece.

- Seleccionar el menú Marcadores>Añadir esta página a marcadores.

- Arrastrar la dirección de la página desde la barra de direcciones hasta la barra de marcadores.

 Si dispone de Internet Explorer en su ordenador y tiene una carpeta de favoritos, puede acceder a ellos directamente desde Firefox, mediante Marcadores>De Internet Explorer

En cualquiera de los casos podrá organizar los marcadores a su gusto, creando carpetas en las que distribuirlos por temas. También puede trabajar con los marcadores haciendo clic en el botón derecho del ratón sobre ellos, con lo que se abrirá un cuadro de diálogo que le permite disponer de una serie de opciones para abrir, abrir en una ventana nueva, cortar, copiar, pegar, eliminar o cambiar el nombre de los marcadores, crear una nueva carpeta, ver las propiedades e incluso abrir un cuadro donde organizar los marcadores.

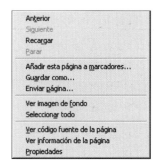

 Otra opción consiste en agregar un marcador sin abrir la página con la que se vincula. Para ello debe situarse sobre un vínculo de una página que le parezca interesante y seleccionar Añadir este enlace a marcadores en el menú desplegable que se abre cuando se hace clic con el botón derecho del ratón.

Páginas visitadas

El historial es un registro de las páginas Web visitadas en las últimas sesiones de navegación. Firefox le permite acceder a este registro para poder gestionar este historial o seleccionar cualquiera de los vínculos que almacena para acceder de nuevo a la página Web que le interesa. Toda página que haya sido abierta con Netscape tendrá su dirección almacenada en este historial. Como puede observar, sigue la misma línea que el historial del que disponía Internet Explorer.

Todos los archivos del historial se presentan en una nueva barra lateral, organizados en carpetas que se pueden ordenar en función del día en el que se realizó la visita al sitio, agrupados según los sitios Web a los que pertenecen, y también se pueden ver sin orden alguno, agrupándose todos ellos en una gran lista de direcciones.

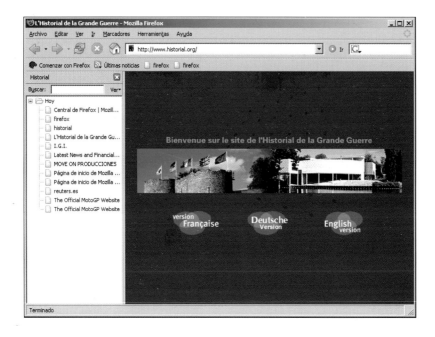

También podrá trabajar con las direcciones que aparecen en ellas, haciendo clic sobre la dirección con el botón derecho del ratón y seleccionando una de las opciones que se ofrecen:

- **Abrir:** Abre la dirección del enlace en la ventana activa.

- **Abrir en una ventana nueva:** Abre la dirección del enlace en una nueva ventana.

- **Abrir en una nueva pestaña:** Abre la dirección del enlace en una nueva pestaña.

- **Añadir este enlace a marcadores:** Guarda la dirección del enlace en los marcadores de Firefox.

- **Copiar la ruta del enlace:** Copia la dirección del enlace al portapapeles de Windows.

- **Borrar:** Elimina la dirección de la carpeta historial.

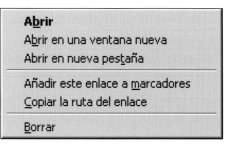

Buscar en la Red

Ningún navegador sería completo sin algún tipo de herramienta de búsqueda, y Firefox es de los más completos en este aspecto. Ésto se debe a que el navegador de Mozilla incluye entre sus opciones más de una posibilidad de búsqueda que puede llegar a facilitarle enormemente la tarea de encontrar elementos en Internet. Vamos a ver las distintas formas de búsqueda de elementos que ofrece Firefox.

Buscar en una página

Firefox le ofrece la posibilidad de encontrar un texto o una cadena de texto en la página que en ese momento tenga descargada en su navegador. Para ello debe hacer clic en el menú Edición y luego seleccionar Buscar en esta página, y de esta forma se abrirá una barra inferior llamada Buscar, en el que podrá proceder a ajustar las opciones de búsqueda del texto que necesite.

La barra inferior le presenta varios elementos que le permiten controlar las opciones de la búsqueda:

- **Buscar:** Campo en el que se introduce la cadena de texto que se desea buscar.

- **Buscar siguiente:** Muestra la siguiente aparición de la cadena de texto.

- **Encontrar anterior:** Invierte el sentido de la búsqueda.

- **Coincidencia de mayúsculas/minúsculas:** Fuerza a que se tenga en cuenta las mayúsculas y las minúsculas que aparecen en la cadena de búsqueda.

- **Resaltar:** Destaca en el documento todas las ocasiones en las que aparece la cadena de búsqueda.

Esta opción resulta de gran utilidad en el momento en el que queremos encontrar un término exacto en la página. Lo habitual es que primero acudamos a un buscador para localizar la página y, posteriormente, hagamos uso en el navegador de la opción que acabamos de analizar.

Búsquedas en Internet

La mayor parte de las búsquedas que puede realizar con Firefox se llevarán a cabo en Internet, por lo que siempre es útil disponer de una herramienta de búsqueda en la Red incluida en el navegador. De hecho, Firefox incluye más de una posibilidad de búsqueda. Para acceder a ellas utilizaremos la opción que se muestra a la derecha del campo que utilizamos para introducir la dirección. Vamos a verlas:

- **Google:** Probablemente el buscador más potente de la red en este momento. Introduciendo el término deseado en el campo de texto recibirá los mismos resultados como si hubiera realizado la operación desde la página principal del buscador.

- **Yahoo:** Otra opción a utilizar en el caso de que prefiera este buscador a Google. La forma en la que se utiliza es la misma que se detalló en el punto anterior.

- **Amazon.com:** La libreria virtual más grande de la Red. En el caso de que desee encontrar un libro, disco o DVD es la opción más interesante, especialmente si se trata de un ejemplar raro.

- **DRAE:** Acceso directo al buscón del diccionario de la Real Academia Española. Simplemente deberá introducir la palabra para conocer el significado que le atribuye el diccionario.

- **eBay:** El sitio de subastas más importante de Internet. Introduzca un artículo y podrá acceder a las opciones que se estén subastando en ese momento.

Firefox también permite elegir el buscador que desee utilizar en el caso de que no se encuentre entre las opciones que incluye por defecto. Para ello sólo debe seleccionar la opción Añadir buscadores y será automáticamente transferido a un sitio Web en el que se le ofrecen todas las opciones posibles.

También dispone de la opción Búsquedas rápidas que podrá encontrar en el menú Marcadores. Además de algunas de las opciones que ya detallamos anteriormente también podrá acceder a los códigos de acciones de bolsa a través de Google, a la Wikipedia, una iniciativa de enciclopedia libre desarrollada por los usuarios de Internet o a un diccionario urbano de términos en inglés. Como puede observar son una miríada las opciones que dispone para encontrar con bastante facilidad todo lo que necesite de la Red.

Más opciones

Hemos visto y analizado los dos navegadores con más presencia en la actualidad. Con el conocimiento que ha adquirido a lo largo de las líneas precedentes no tendrá ningún problema para manejarse con otros navegadores que podrá encontrar en el mercado.

Para que tenga una referencia de algunas de estas opciones le mostraremos de forma somera otros tres navegadores.

Netscape Navigator

Nos encontramos ante el navegador que durante años se conformo como la mayor competencia de Internet Explorer, hasta el punto de llegar a dominar el mercado antes de que Microsoft se comenzara a interesar por las posibilidades de la red.

Su funcionamiento se asemeja mucho al de Firefox ya que este último está basado en su código fuente que se encuentra disponible de forma pública y que

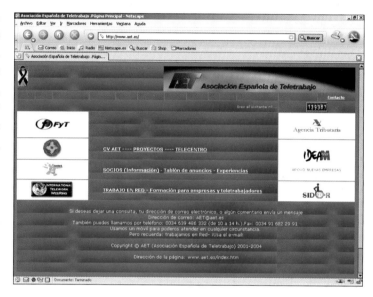

ha sido optimizado por los usuarios que han realizado sus aportaciones.

Una de las características a destacar del navegador de Netscape es que se encuentra dentro de lo que se conoce como un paquete de aplicaciones.

Mediante su instalación podrá acceder a otros programas adicionales como pueden ser el gestor de correo electrónico y noticias así como la aplicación que podrá utilizar para diseñar páginas Web.

Podrá encontrar la versión 7.0 en castellano de esta aplicación en el sitio Web http://www.aola.com/netscape/browser/index.adp

Opera

La última opción que analizaremos en este apartado es un navegador independiente que se llama Opera. Se trata de un navegador que apareció hace unos años por la Red ofreciendo varias ventajas sobre sus distintos competidores.

La primera de ellas era que permitía tener varias ventanas abiertas y que recordaba como se había cerrado el navegador, de forma que al volverlo a abrir, ofrecía la posibilidad de volver al estado anterior. En la actualidad, ambas opciones siguen existiendo en la versión actual del navegador. Otra característica de este programa era y es que su distribución es gratuita, aunque pertenece a la tipología de los programas que incluyen publicidad en sus páginas. Para eliminar esta publicidad hay que adquirir el programa, lo cual se puede realizar mediante la opción de pago en línea. Otra ventaja de este navegador es el botón de Zoom, que actúa de lupa de la página que se quiere ver. Esto último resulta muy útil para aquellas páginas que no se adaptan automáticamente a la resolución del monitor a la hora de verlas en aquellos que son de gran tamaño.

Podrá encontrar la versión 8 de este navegador de Internet, en la página Web http://www.opera.com/. Por defecto accederá a la versión en inglés, aunque podrá descargarse un archivo de idioma para poder disponer de la versión en castellano.

Mozilla

Actualmente se encuentra en su versión 1.7.11. Es un navegador basado, al igual que Firefox, en el código de los primeros Netscape Navigator. La diferencia entre ambos navegadores es que esta versión de Mozilla se ofrece como un paquete al modo que ya hemos analizado en el navegador Netscape, heredando de esta forma no sólo su código fuente sino también parte de su filosofía.

Si es un lector que lleve cierto tiempo en contacto con los ordenadores, es posible que le suene la interfaz por haberla visto con anterioridad. Se trata de un programa muy sencillo que consume muy pocos recursos y que es de código abierto, lo cual permite personalizarlo e investigar sobre él. Por esta razón son múltiples las versiones del mismo programa que podrá encontrar en el mercado.

Las opciones de navegación son más limitadas que en otros navegadores, pero a su favor tiene lo rápido que son las descargas en él.

No nos extenderemos en la descripción del navegador, ya que prácticamente todo lo que se explicó en el epígrafe dedicado al Netscape Navigator es aplicable a él. Nos ha parecido interesante incluirlo en esta obra como reconocimiento a todos aquellos autores que a partir de la filosofía del código abierto desarrollan programas.

Para descargarse este navegador deberá acceder a la siguiente página Web: http://www.mozilla.org/products/mozilla1.x/

Capítulo 4
El contenido
de la Web

La tremenda evolución de Internet ha hecho que lo que comenzó siendo simples páginas Web ahora sean enormes portales que albergan multitud de contenidos de todo tipo. Gracias al desarrollo de estos portales y a la aparición de multitud de buscadores se facilita enormemente la tarea de encontrar cualquier página Web que le pueda resultar interesante. De esta forma puede encontrarse con grandes portales que le presentan una gran cantidad de información organizada según diversos temas con enlaces a otras páginas Web.

Este capítulo estará dedicado a algunas de las páginas Web que se pueden encontrar en la red, a su tipología y a herramientas de utilidad que puede encontrar en Internet como es el caso de los buscadores o los traductores. Nuestro objetivo en este capítulo es mostrarle las diferencias entre los distintos tipos de páginas que pueblan Internet y ayudarle a encontrar aquellas que pueda necesitar, ya que realizar una guía que incluyera todos los tipos de páginas existentes en lo relativo a contenido sería prácticamente imposible.

Sitios Web y portales

A lo largo de las distintas páginas Web que visite o incluso de las publicaciones que lea se encontrará de forma recurrente con estos dos términos. Hemos decidido dedicar el primer apartado de este capítulo a esclarecer las diferencias que hay entre ambos, con el objetivo de establecer o crear una tipología que le haga sentirse más cómodo a la hora de navegar por Internet o de hablar con criterio de ello.

Páginas Web

Empezaremos por la escala más baja de la tipología, las páginas Web. Una página Web es, como su propio nombre indica, sólo una página. Es como si habláramos de un periódico e hiciéramos referencia a la página doce.

Internet está poblado de páginas Web. De hecho, calcular cuántas hay sería imposible. En el momento de escribir este libro, Google, un buscador del que conoceremos más en el próximo apartado, realiza sus búsquedas entre 8.168.684.336 páginas Web.

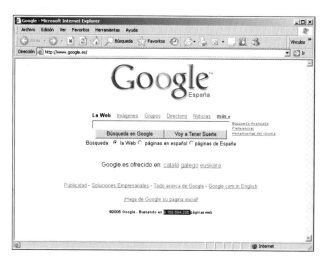

A menudo encontrará referencias que hablan de una página Web cuando en realidad se refieren a un conjunto de ellas. Esta fórmula no es correcta, aunque deriva de los inicios de Internet, en los que era poco habitual que se publicaran muchas páginas para tratar un mismo tema. Nos tenemos que remontar a una época en la que Internet se consideraba como un objeto de utilidad para la investigación, y lo que se publicaba principalmente eran trabajos de este tipo que se compilaban en una sola página que posteriormente era publicada. Lo ideal sería que utilice la expresión página Web sólo cuando se refiera a una página específica.

Sitios Web

Sigamos con nuestra precisión terminológica. Un sitio Web es un grupo de páginas Web sobre un tema determinado o que están enlazadas por un cierto índice. Por seguir con nuestro símil del periódico, un sitio Web sería la sección de deportes en la que se encuentra la página doce a la que antes hacíamos alusión.

En la figura se puede ver el sitio Web de Anaya Multimedia en el que se encuentra la página Web del libro Photoshop CS de la figura anterior.

La extensión que puede tener un sitio Web no es del todo clara, y algunos autores ni siquiera lo diferencian de lo que sería un portal, así que dejamos a su elección el uso que prefiera hacer después de leer la parte relativa a los portales de Internet.

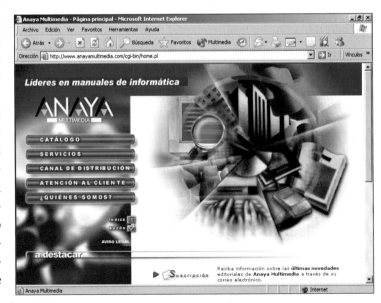

Uno de los grandes problemas de Internet está intrínsecamente unido a su mayor baza, y es la libertad con la que nació. Eso hace que sea complicado poner de acuerdo a sus múltiples usuarios en términos y aspectos determinados.

Portal

Es un término que hizo fortuna a partir de la aparición de sitios Web que agrupaban diferentes temáticas y actuaban como punto de encuentro del internauta. El objetivo principal de un portal es convertirse en la página de inicio del navegador, ya que puede ofrecer al usuario cualquier cosa que pueda necesitar sin tener que salir de él. En el ejemplo que llevamos manteniendo nos encontraríamos con que el portal sería el periódico, que albergaría el sitio Web de deportes con la página Web número doce.

El ejemplo de portal más característico que tenemos en España lo constituye Terra, que puede encontrarse en la página Web www.terra.es. A través de esta página el usuario puede tener acceso a noticias, buscadores, compras y otras muchas opciones que se le ofrecen agrupadas de forma temática a través de las diferentes tablas de la página. Una de las claves para que un portal sea atractivo es la actualización. Sus contenidos de portada deben estar continuamente actualizados para que el usuario no lo abandone.

La evolución de esta figura ha creado una tipología de portales según sus contenidos. Así tendríamos portales generalistas, como sería el caso ya analizado de Terra; portales especializados en salud, caso de Anisalud (www.anisalud.com); portales especializados en personas mayores como puede ser el Portal Mayores del Csic (www.imsersomayores.csic.es), etc.

Hoy en día Google está intentado ocupar esta posición mediante la oferta de nuevos servicios, como puede ser Google News, que le permite tener a diario su propio periódico personalizado.

Como indicábamos en la introducción de este capítulo no podemos indicarle cuáles son las mejores páginas Web o cuáles le serán más útiles en su trabajo.

Lo que sí podemos es enseñarle cómo encontrar las páginas, sitios o portales que pueda necesitar en cualquier momento. Para ello le indicaremos el funcionamiento de varios buscadores que le pueden ser de utilidad.

Motores de búsqueda

Dentro de los buscadores los encontrará de varios tipos. En esta obra los dividiremos en tres categorías, motores de búsqueda, directorios y metabuscadores. Dentro de cada una de las categorías seleccionaremos un buscador sobre el que explicaremos algunas de sus opciones.

Una de las características de los motores de búsqueda es que, como su propio nombre indican, disponen de unas aplicaciones automáticas que se dedican a buscar en la Web términos que posteriormente indexan y son mostrados al usuario una vez que introduce una cadena de búsqueda.

Google

El ejemplo más característico de motor de búsqueda es Google. Éste usa sofisticadas técnicas de búsqueda de texto que le permiten encontrar páginas que son importantes y relevantes para su búsqueda. A diferencia de otros buscadores, cuando Google analiza una página, comprueba el contenido de las páginas en las que aparece referenciada esa página.

Por ejemplo, si realizamos una búsqueda sobre una patología médica, Google bus-

cará la palabra que le indicamos, pero a la hora de darnos el resultado tendrá en cuenta en cuántas páginas se cita la que nos muestra.

La forma de usar Google es muy sencilla. Sólo debe introducir la cadena de búsqueda que desee y a continuación hacer clic en el botón buscar o presionar la tecla **Intro**. Por ejemplo, introduciremos la palabra gripe que nos devuelve los resultados que puede observar en la figura.

Además de buscar texto, Google puede localizar imágenes. En el momento de escribir estas líneas, eran 2.187.212.422 las indexadas por el buscador. El procedimiento es el mismo que con las palabras. Busquemos por ejemplo la palabra perro.

El buscador devolverá todas las imágenes que tenga sobre la palabra, en este caso 53.600, con una vista previa de cada uno de los elementos. Si se hace clic sobre cualquiera de ellos, la página en la que se alberga la imagen se abrirá, para que la pueda ver en su contexto original. También tiene la opción de ordenar los resultados por tamaño, según las quiera grandes, medianas o pequeñas.

Cuando hablamos de tamaño de las imágenes no nos estamos refiriendo al tamaño físico que presentan, sino al espacio que ocupan en el formato en el que se encuentren almacenadas, es decir, al tamaño en píxeles.

Directorio

La otra opción para realizar búsquedas es a través de directorios. La búsqueda por directorios se realiza a través de agrupaciones de temas, de lo más general a lo más específico. Su utilidad a la hora de realizar una búsqueda es sencilla de apreciar, ya que podemos tener un tema general, pongamos la caza, sobre el que queramos profundizar. En tal caso accederemos al directorio dedicado a la caza para encontrar resultados afines sobre los que investigar.

También se puede dar el caso contrario, que hayamos oído que un amigo se ha comprado un cuadro futurista y queremos saber de dónde viene esa corriente artística y su contenido.

La principal diferencia que podemos encontrar con los motores de búsqueda se encuentra en que los directorios muestran una información agrupada, que en muchas ocasiones ha sido colocada en un apartado específico por indicación del programador de la página Web, utilizando una etiqueta adecuada.

Yahoo!

Uno de los precursores de las búsquedas por directorios fue Yahoo! Su página, en la versión española, se puede encontrar navengando hacia www.yahoo.es, y su página homóloga en inglés situada en www.yahoo.com, aunque la versión española permite realizar búsquedas sobre toda la Web.

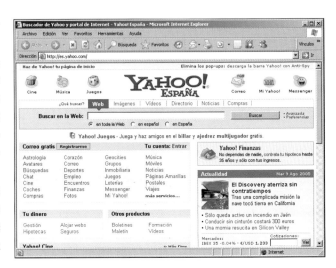

La búsqueda de una Web en Yahoo! es muy similar a cómo se hace en Google, por lo que obviaremos los pasos que tienen en común.

Lo que sí veremos es la aplicación anterior del directorio. Hagamos la búsqueda sobre el tema de la caza.

En la siguiente figura puede ver los resultados de directorio que devuelve el buscador. Seleccionaremos la categoría de caza al aire libre para ver los resultados, ya que es el tipo de caza que estamos buscando.

Como comentábamos anteriormente, una de las ventajas de los directorios es que agrupan áreas de conocimiento. Es lo más parecido a ir a una biblioteca e ir escrutando las estanterías en busca del tema en el que estamos interesados.

La elección de cualquiera de las dos opciones planteadas anteriormente, variará según la intención que tenga en cada momento.

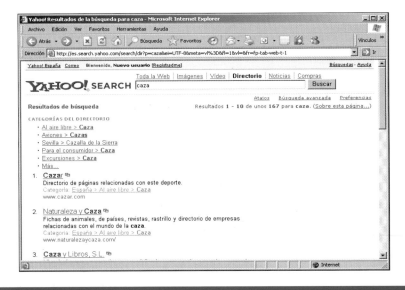

Por ejemplo, la opción del directorio se muestra más interesante para planear un viaje, ya que no sólo podrá encontrar alojamientos sino que también tendrá acceso a información turística o a las alternativas de restauración en el lugar que haya decidido visitar. Por contra, para conocer el autor de un libro, parece más indicado el motor de búsqueda.

Metabuscadores

Un metabuscador es un buscador de buscadores. No es que le diga qué buscadores puede encontrar, sino que realiza la búsqueda que le proponga en varios buscadores y devuelve los resultados combinados. De esta forma se asegura tener los mejores resultados de varios buscadores.

Metacrawler.com

Uno de los pioneros. Realiza las búsquedas en Google, Yahoo!, Ask Jeeves About, LookSmart, Teoma, Overture y FindWhat. Además, permite realizar búsquedas de imágenes, audio y vídeo, características que le convierten en una opción my a tener en cuenta.

Buscadores específicos

Más que buscadores podrían entrar dentro de las bases de datos, pero hemos querido dejar en este apartado dos ejemplos de buscadores temáticos. En la Web, y usando los buscadores descritos anteriormente, podrá encontrar otros muchos que le sean de utilidad en su vida profesional o personal.

 Resulta bastante interesante que vaya recopilando mientras navega aquellos buscadores que le son de utilidad y los añada a su navegador como vimos en los capítulos anteriores.

Hablemos de cine

Uno de los mejores buscadores de películas actual de la Web es www.labutaca.net. Su base de datos es impresionante. Podrá encontrar desde los últimos estrenos a cortometrajes de diversos países, hasta las últimas novedades en DVD.

La forma de utilizar la base de datos es muy sencilla, y permite realizar búsquedas por títulos de películas . Posteriormente sólo hay que elegir el resultado que deseemos y tendremos acceso a todos los datos de la películae n cuestión.

Otra opción interesante de este buscador es su apartado de críticas, que al modo de las listas musicales le permiten ver las mejores y las peores películas según los votos de sus usuarios, o visitar el Top 10, se trata de las diez películas más visitadas por los lectores de la butaca

En el caso de que su rama cinéfila le lleve más allá, podrá estar informado de todos los festivales y premios más importantes que se otorgan al séptimo arte, como el de San Sebastián, la Berlinale, los Oscars o los Goya.

Cuestión de salud

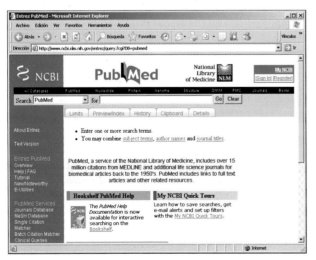

Si navega hacia la dirección www.saludalia.com podrá acceder a este excelente portal vertical que tiene como objetivo informar, formar y dar servicios en el complejo mundo de la salud a todos los usuarios de la red.

Esta página Web cuenta con contenidos de calidad en español y se encuentra estructurada en numerosas secciones como El médico responde, Nutrición, Enfermedades, Salud familiar, etc.

El último apartado de este capítulo está dedicado a algunas páginas Web de traductores que pueden ser de utilidad para cualquier lector. También dedicaremos varios apartados a las barras de búsquedas y a la inclusión del diccionario de la RAE en el navegador para su consulta a través de Internet sin tener que entrar en su Web, de forma similar a la opción que incorpora Firefox.

Systran.net

Uno de los mejores traductores que se pueden encontrar en Internet. Permite traducir a múltiples idiomas textos sueltos (hasta 150 páginas) o páginas Web completas con sólo teclear la dirección.

El único problema es que las traducciones diarias están limitadas a tres, por lo que también le ofreceremos otra opción para que pueda seguir realizando sus búsquedas.

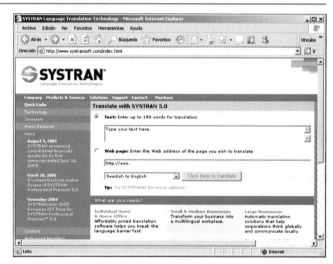

Online-translator.com

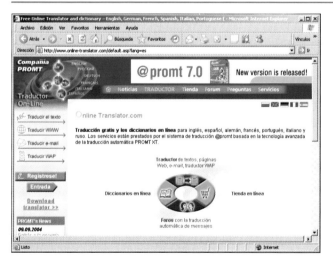

Esta página es otra opción para sus traducciones. En cualquier caso, tenga en cuenta que las traducciones automáticas no siempre son del todo fiables, a no ser que conozca el idioma final y pueda realizar los ajustes oportunos sobre una primera versión automática.

Estas páginas le ofrecen la opción de realizar por encargo una traducción humana, mucho más fiable y recomendable en la mayoría de los casos.

El diccionario en el navegador

Una aplicación tremendamente útil es la que ofrece la Real Academia Española en su página Web. Permite disponer de un acceso directo a la búsqueda de palabras a través de la inclusión de un hipervínculo en el navegador.

Para disponer de acceso a esta opción, proceda a seguir el enlace http://buscon.rae.es/diccionario/boton.htm. Allí encontrará las siguientes instrucciones:

- Asegúrese de que la barra de vínculos está visible en el navegador. Para comprobarlo, pulse el botón derecho del ratón sobre la barra de herramientas y compruebe que el apartado Vínculos está seleccionado.

- Pulse el botón derecho del ratón sobre el icono del diccionario y seleccione la opción Agregar a Favoritos.

- Abra la lista de Favoritos, arrastre el enlace Diccionario de la lengua española hasta la barra de vínculos y suéltelo cuando desaparezca la señal de prohibido.

La imagen que puede ver a la derecha será la que se encuentra cuando utilice el vínculo instalado para acceder al navegador.

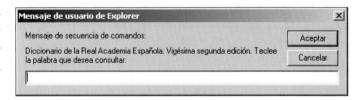

Es probable que el navegador le avise en varias ocasiones sobre la falta de seguridad de la operación que está intentando realizar. Haga caso omiso a esas advertencias siempre y cuando esté seguro de la procedencia del vínculo que está añadiendo.

A partir de este momento podrá incluir cualquier palabra en el cuadro de texto y aparecerá automáticamente en el navegador de la misma manera que puede observar en la figura siguiente:

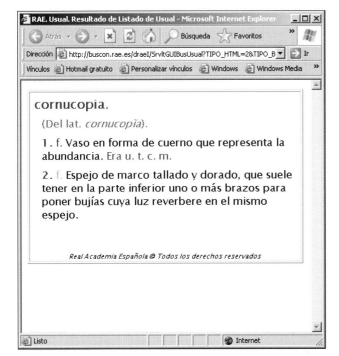

Otras opciones que tiene a su disposición para optimizar su navegación por la Web, son las barras que ciertas compañías como Google o Yahoo! ofrecen para integrar en el navegador.

Gracias a ellas podrá seguir emulando muchas de las opciones incorporadas de forma automática en el Mozilla Firefox.

Probablemente la adopción de todas estas novedades por parte del programa que acabamos de nombrar sean la explicación más razonable para su extensión a lo largo de la Red.

Y esto es sólo el principio

A lo largo de las páginas anteriores hemos mostrado algunas de las opciones que le ofrece la Web. No hemos querido entrar, como ya expusimos, en ejemplos particulares, sino más bien ofrecerle las herramientas con las que podrá llegar a ellos.

Lo más probable es que ya haya tenido algunas experiencias en el campo de la navegación por la Web, y como habrá aprendido, la mejor forma de conocer los límites que tiene Internet y todas las posibilidades que le ofrece es explorando sus páginas. Desde estas líneas le animamos a que siga por el mismo camino, ya que es muy posible que se encuentre con páginas que le sorprendan.

Capítulo 5
Correo electrónico:
Outlook Express

Mensaje de correo

El correo electrónico ha resultado ser una de las herramientas más útiles que Internet ha
puesto a nuestra disposición,
al permitir las comunicaciones con personas de todo el
mundo con un esfuerzo mínimo y en un plazo de tiempo
muy corto, casi instantáneo.
Gracias a los programas de correo electrónico actuales,
como puede ser el que vamos
a ver en este capítulo, Outlook
Express 6 de Microsoft, puede
gestionar su correo de la for-
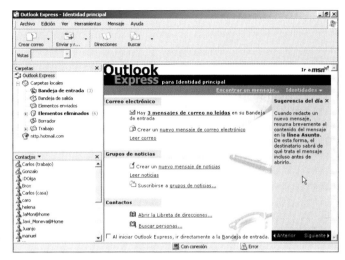
ma más eficaz, controlar sus contactos en la Red mediante la libreta de direcciones e
incluso acceder a grupos de noticias que sean de su interés. Cualquiera que sea el uso
que le vaya a dar, Outlook Express demuestra ser una herramienta muy adecuada.

 El proceso de instalación de Outlook Express se omite, ya que esta aplicación se instala automáticamente con Internet Explorer 6.

Conceptos generales

Antes de comenzar a trabajar con Outlook Express deberá configurar la cuenta de
correo electrónico con la que va a trabajar, de forma que la aplicación pueda conectar con el servidor correcto y proporcionar los datos necesarios para que éste le
permita descargar los mensajes que le han enviado. Outlook Express le presentará,
la primera vez que inicie la aplicación, un asistente para configurar la cuenta de
correo que va a usar, pero si no es la primera vez que inicia esta aplicación o quiere
configurar otra cuenta de correo también puede hacerlo. Vamos a ver cómo:

 Recuerde que antes de configurar la cuenta debe tener a mano todos los
datos de configuración proporcionados por su proveedor.

1. Seleccione Herramientas>Cuentas, y allí seleccione la opción Agregar y luego Correo.... Se abrirá el Asistente para la conexión a Internet.

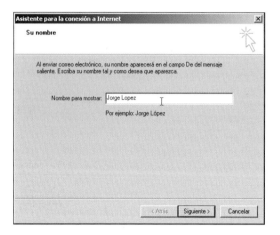

2. Introduzca su nombre en el campo Nombre para mostrar y haga clic en **Siguiente**:

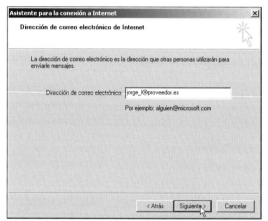

3. Escriba, en el campo Dirección de correo electrónico, la dirección de la cuenta de correo que va a configurar. A continuaicón, no olvide hacer clic en **Siguiente**.

4. Seleccione POP3 como tipo de servidor de correo entrante (es el más habitual. Si su servidor es IMAP o HTTP selecciónelo en el menú desplegable) e introduzca, en los campos correspondientes, las direcciones de los servidores de correo entrante (POP3) y de correo saliente (SMTP) que le ha proporcionado su proveedor de servicios de Internet (ISP).

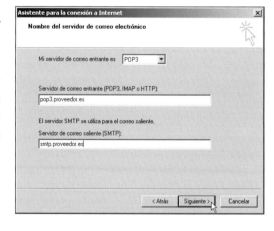

5. En el campo Nombre de la cuenta introduzca el nombre asignado por el ISP (normalmente es todo el texto que se encuentra a la izquierda de la arroba) y en el campo Contraseña introduzca la contraseña que ha elegido para acceder a la cuenta. Si no selecciona la opción Recordar contraseña, el servidor le solicitará que la introduzca cada vez que compruebe el correo electrónico.

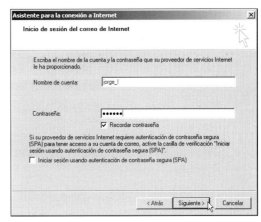

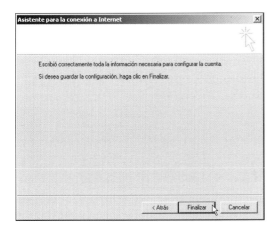

6. Si ha introducido adecuadamente todos los datos, haga clic en **Finalizar**. El proceso de configuración de la cuenta ha terminado.

Ahora ya puede proceder a descargar el correo en su cliente de correo electrónico, que en este caso es Outlook Express 6. A lo largo del capítulo le iremos explicando algunas de las funciones más importantes que le ofrece la aplicación.

Componentes principales

En el momento de iniciarse, la aplicación Outlook Express muestra diversas secciones que son las que utilizará a lo largo de todo el proceso. Estas secciones son esenciales para trabajar con Outlook y cada una de ellas le prestará una función imprescindible para gestionar su correo.

- **Carpetas:** Esta sección contiene todas las carpetas en las que se organizan los mensajes que recibe en Outlook Express, junto con las carpetas destinadas a los grupos de noticias que tenga configurados en la aplicación. Cada una de las carpetas predeterminadas tiene una función específica:

  - **Bandeja de entrada:** Almacena los mensajes según los va recibiendo, y permanecen en ella a menos que los cambie a cualquier otra carpeta de Outlook Express.

- **Bandeja de salida:** Guarda los mensajes a medida que los va recibiendo, tanto si los ha leído como si no lo ha hecho.

- **Elementos enviados:** Guarda una copia de todos los mensajes que envía a cualquier destinatario de correo.

- **Elementos eliminados:** Almacena los mensajes que borra y suprime de cualquier otra carpeta de Outlook.

- **Borrador:** Contiene los mensajes que ha escrito pero aún no ha enviado, por el motivo que sea.

Con estas carpetas básicas puede trabajar sin problemas con Outlook, pero tiene la opción de configurarlas a su gusto y añadir cuantas carpetas quiera. Lo veremos un poco más adelante, en este mismo capítulo.

- **Contactos:** Presenta una lista de las direcciones de correo electrónico que tiene almacenadas en la lista de contactos de Outlook Express. Desde esa misma lista puede editar los contactos, enviarles mensaje de correo electrónico, buscar personas y trabajar de muchas otras formas.

- **Lista de mensajes:** Es la ventana en la que se muestran los encabezados de los mensajes que contiene Outlook, tanto si los ha recibido, como si los ha enviado o los tiene almacenados en las carpetas Borrador o Elementos eliminados. Desde esta ventana puede trabajar con los mensajes, haciendo clic sobre el mensaje seleccionado con el botón derecho del ratón y escogiendo una de las opciones que se le ofrecen:

  - **Abrir:** Abre el mensaje seleccionado en una ventana independiente.

  - **Responder al remitente/a todos:** Envía un mensaje de respuesta al remitente o remitentes de un mensaje recibido.

  - **Reenviar/como dato adjunto:** Reenvía el mensaje a un destinatario diferente del remitente del mensaje, como mensaje independiente o dentro de otro mensaje como datos adjuntos.

  - **Marcar como leído/no leído:** Marca el mensaje como leído si no lo está, y viceversa.

  - **Mover/Copiar a la carpeta:** Mueve el mensaje, o lo copia, a una carpeta determinada.

  - **Eliminar:** Borra el mensaje y lo envía a la carpeta Elementos eliminados.

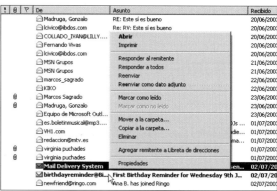

- **Agregar remitente a la Libreta de direcciones:** Crea un nuevo elemento en la libreta de direcciones con los datos del remitente del mensaje.

- **Propiedades:** Muestra las propiedades del mensaje seleccionado, con detalles sobre la ruta que ha seguido, los servidores por los que ha pasado, etc.

 Todas las posibilidades mencionadas anteriormente funcionan dentro de cualquiera de las carpetas que contienen mensajes, no sólo en la Bandeja de entrada.

- **Vista previa:** Presenta el contenido del mensaje, sin que tenga que abrirlo en otra ventana para acceder a él.

Composición de un mensaje

Uno de los objetivos principales de todo el que se conecta a Internet es disponer de un medio de enviar y recibir mensajes a otras personas. Y de poco le importan todas las opciones para responder a un mensaje recibido si primero no sabe cómo enviar un mensaje partiendo de cero. En realidad es un proceso muy sencillo, pero exige tener claros algunos conceptos para saber qué es lo que hay que poner en cada uno de los campos que componen un mensaje. Vamos a verlos uno por uno.

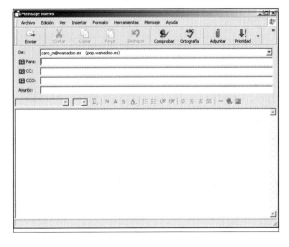

Por supuesto, lo primero que hay que hacer es iniciar un mensaje nuevo, para lo que tiene varias opciones. Puede dirigirse a la barra de botones de Outlook Express y seleccionar el botón **Crear correo**, pero también puede seleccionar el menú Nuevo>Archivo>Mensaje de correo. En cualquiera de los dos casos el resultado será el mismo: una nueva ventana con un formato especial, que será la que contenga todos los datos del mensaje, y que dispone de una serie de campos que tiene que rellenar de forma adecuada:

- **De:** Es el campo en el que va la dirección electrónica del emisor del mensaje. En caso de que sólo tenga una cuenta configurada, no habrá posibilidad de elección, pero si dispone de más de una cuenta, deberá hacer clic en la flecha que se encuentra a la derecha del campo para seleccionar la cuenta desde la que quiere enviar el mensaje en la lista desplegable que aparecerá.

- **Para:** Evidentemente, éste es el lugar en el que deberá introducir la dirección del receptor del mensaje. Puede escribirla manualmente o, si dispone de la dirección dentro de su lista de contactos, tiene la opción de hacer clic en el botón **Para** y seleccionar la dirección que quiere en la ventana que aparecerá, que también puede usar para rellenar las direcciones de los campos **CC:** y **CCO:** (cuyo significado veremos ahora). En cualquier caso, es posible enviar el mismo mensaje a más de un destinatario sin crear un mensaje nuevo para cada uno de ellos, con sólo introducir tantas direcciones como haga falta en estos tres campos separadas por un punto y coma.

 Outlook dispone de una función que intenta relacionar las direcciones que introduce en los campos Para, CC y CCO con las de su libreta de direcciones, de forma que al introducir las primeras letras le ofrece las opciones que coinciden con ese texto, lo que ahorra mucho tiempo a la hora de enviar los mensajes a varios destinatarios.

- **CC:** Este campo hace que se envíe una copia del mensaje a cada uno de los destinatarios cuya dirección se incluye en él. También existe la opción **CCO:**, a la que sólo se puede acceder haciendo clic en el botón **Para:**, en el botón **CC:**, o haciendo clic en Ver>Todos los encabezados. Se utiliza para enviar una copia oculta a un destinatario, de forma que el resto de receptores del mensaje no sepan que este último ha recibido una copia.

- **Asunto:** Es el campo en el que se incluye el encabezado del mensaje, una línea de texto que será lo único que conozca el receptor sobre el contenido del mensaje hasta que lo abra o lo visualice en el panel de vista previa.

- **Campo de texto:** Es el área de la ventana en la que escribiremos el texto del mensaje. En ella introducirá el texto que quiera, dándole el formato adecuado con los opciones que se encuentran en la barra de herramientas inmediatamente superior, que incluso le permitirán introducir imágenes o líneas que formen parte del texto que va a enviar.

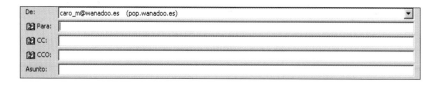

 Hasta hace unos años los mensajes de correo electrónico se escribían sólo con formato de texto sencillo, pero la evolución de los diferentes clientes de correo permite que los mensajes se escriban con formato HTML.

Una vez creado el texto del mensaje es posible que quiera enviar con él algún archivo, como un documento de Word, una presentación o cualquier otra cosa, e incluso introducir una firma característica que se incluirá al final de todos los mensajes para identificarlos. Vamos a ver cómo hacerlo.

Archivos adjuntos

El método para adjuntar archivos también es muy sencillo. No tiene más que seguir estos pasos:

1. Haga clic en el icono **Adjuntar** de la barra de herramientas (el que tiene forma de clip) o seleccione el menú Insertar y luego seleccione Archivo adjunto. Se abrirá el cuadro de diálogo Insertar datos adjuntos.

2. En el cuadro de diálogo, típico de Windows, busque el archivo o archivos que quiere incluir en el mensaje, selecciónelos y haga clic en **Adjuntar**.

3. Verá que bajo el campo Asunto ha aparecido un nuevo campo llamado Adjuntar, que contiene los archivos que ha seleccionado y que se van a enviar con el mensaje.

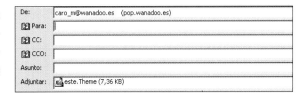

 Tenga en cuenta que los archivos que envíe por Internet pueden tener un gran tamaño, por lo que no es recomendable enviar archivos demasiado grandes si no se dispone de una conexión rápida.

Firmar los mensajes

Outlook ofrece la opción de incluir automáticamente en cada mensaje una serie de elementos que compongan una firma característica de sus mensajes. Para activar esta opción deberá dirigirse a Herramientas>Opciones>Firmas y seleccionar el botón **Nueva** para crear una nueva firma si no tiene ninguna.

Una vez que disponga de una firma creada, tiene varias opciones para modificarla a su gusto:

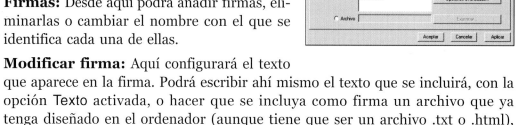

- **Configuración de la firma:** Le permite hacer que la firma se agregue a todos los mensajes salientes de su ordenador, o hacer que ésta no se incluya en las respuestas o reenvíos de mensajes.

- **Firmas:** Desde aquí podrá añadir firmas, eliminarlas o cambiar el nombre con el que se identifica cada una de ellas.

- **Modificar firma:** Aquí configurará el texto que aparece en la firma. Podrá escribir ahí mismo el texto que se incluirá, con la opción Texto activada, o hacer que se incluya como firma un archivo que ya tenga diseñado en el ordenador (aunque tiene que ser un archivo .txt o .html), que podrá incluir haciendo clic en Archivo y luego en Examinar.

De esta forma configurará una sencilla firma que se incluirá en cada mensaje y que puede incluir, por ejemplo, su nombre completo, la dirección de correo electrónico, la dirección física de su casa o negocio y su número o números de teléfono.

Configuración del envío de mensajes

La aplicación le permite también configurar diversas opciones que se ejecutarán a la hora de enviar los mensajes y que pueden facilitarle la tarea de trabajar con Outlook Express. Vamos a ver varias, pero antes tendrá que acceder al cuadro de diálogo Enviar desde Herramientas>Opciones>Enviar.

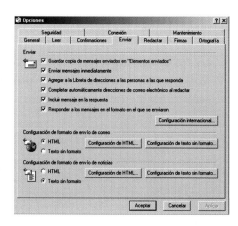

- **Guardar copia de mensajes enviados en "Elementos enviados":** Guardará automáticamente una copia de cada uno de los mensajes que envíe en la carpeta Elementos enviados si mantiene esta opción activada.

- **Enviar mensajes inmediatamente:** Hace que los mensajes se envíen en cuanto termine de redactarlos y haga clic en el botón **Enviar**.

- **Agregar a la libreta de direcciones a las personas a las que responda:** En caso de que alguna de las personas a las que se dirija una respuesta a un mensaje no se encuentre en la libreta de direcciones, esta opción los incluirán automáticamente como nuevos contactos de la libreta.

- **Completar automáticamente direcciones de correo electrónico al redactar:** Hace que aparezcan las direcciones de correo de los posibles destinatarios cuando escribe en los campos Para, CC o CCO.

- **Incluir mensaje en la respuesta:** Hace que junto con su respuesta aparezca el texto del mensaje original, justo debajo del nuevo texto.

- **Responder a los mensajes en el formato en el que se enviaron:** Si le mandan un mensaje HTML, el suyo también lo será.

Las dos últimas opciones configuran el tipo de texto de los mensajes de correo electrónico y de noticias que envíe desde Outlook, que pueden ser de dos tipos: HTML o Texto sin formato.

Envío del mensaje

Para enviar el mensaje no tiene más que hacer clic en el botón **Enviar** que se encuentra en la barra de botones de la pantalla Mensaje nuevo, y éste se enviará automáticamente en cuanto disponga de una conexión a Internet. Si no hay una conexión activa, Outlook Express le pedirá que se conecte a Internet para poder enviarlo. Mientras no pueda mandarlo, el mensaje permanecerá en la Bandeja de Salida. Los mensajes que cierre sin pulsar el botón Enviar se guardarán en la carpeta Borrador.

Mensajes recibidos

Ya tiene configurada la cuenta y sabe cómo enviar mensajes, así que ha llegado la hora de comenzar a trabajar con los mensajes que hemos recibido. Pero primero tendrá que descargarlos del servidor de su ISP.

Para descargar los mensajes que le han enviado, haga clic en el botón **Enviar y recibir** que se encuentra en la barra de botones, o haga clic en la flecha junto a él para seleccionar la recepción de los mensajes de sólo una de las cuentas que tenga configuradas (en el caso de tener más de una). También puede descargar el correo desde el menú Herramientas>Enviar y recibir y haciendo clic en cualquiera de las opciones: Enviar y recibir todo, Recibir todo y Enviar todo, según cuál sea su propósito.

En cualquiera de los casos aparecerá un cuadro de diálogo que le informará del proceso de la descarga de mensajes. Cuando el proceso de la descarga haya concluido, todos los mensajes nuevos recibidos aparecerán incluidos en la Bandeja de entrada y marcados con tipografía en negrita, lo que los hará fácilmente reconocibles.

Recepción automática

Es posible configurar Outlook Express para que compruebe automáticamente la existencia de correo en los servidores de sus cuentas según intervalos de tiempo que podrá determinar. Para hacerlo deberá dirigirse a Herramientas>Opciones>General y allí establecer un tiempo en la opción Comprobar mensajes nuevos cada XXX minutos, donde XXX son los minutos entre comprobaciones.

Debajo dispondrá de una lista desplegable en la que podrá configurar la aplicación para que, en caso de que no disponga de una conexión activa, sea ella misma la que la establezca con su proveedor de servicios.

 Tenga cuidado al configurar esta última opción. Si dispone de una conexión a Internet que comparte la línea con el teléfono de su casa o de su oficina puede crearle molestias al conectarse cuando menos se lo espere.

Archivos adjuntos

Es posible que algunos de los mensajes que reciba incluyan archivos adjuntos. Una vez que el mensaje se haya descargado, es posible que estos archivos se muestren en el mismo panel de vista previa de los mensajes, especialmente cuando se trata de imágenes con formatos habituales (.jpg, .gif, etc.). Pero si se trata de otro tipo de archivos deberá trabajar con ellos de otra manera.

En el caso de encontrarse con un archivo adjunto deberá hacer clic en el icono en forma de clip que aparece en el panel de vista previa, donde dispondrá de dos opciones.

1. Si selecciona directamente el archivo o archivos que le han enviado, se abrirán con la aplicación correspondiente (si la tiene instalada).

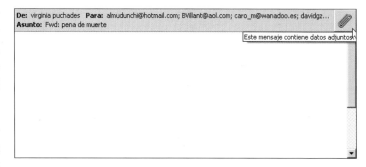

2. Si no quiere abrirlo directamente y prefiere guardarlo en su disco duro, deberá seleccionar la opción Guardar datos adjuntos, y seleccionar, en el cuadro de diálogo que aparecerá, la ubicación que quiera que tengan en el disco duro u otra unidad de almacenamiento.

Debe tener mucho cuidado con los archivos adjuntos que recibe, ya que son una de las mayores fuentes de propagación de virus informáticos. Ante cualquier archivo sospechoso, sobre todo si tiene una extensión de tipo `.exe`, la mejor solución es guardar el archivo y ejecutar un antivirus o, si es posible y no conoce ni siquiera al emisor del mensaje, borrarlo directamente.

Respuestas

Como ya ha visto, es muy probable que al recibir un mensaje desee enviar una respuesta al emisor del mismo. Para ello, dispone de una serie de opciones en la barra de herramientas del mensaje recibido, que le permitirán contestarlo.

- **Responder:** Abre un mensaje nuevo que incluye el texto del mensaje recibido y que ya tiene la dirección del remitente el en campo Para:.

- **Responder a todos:** Abre el mismo mensaje que la opción anterior, pero también incluye en el campo CC: a todas las personas incluidas en el mensaje original.

- **Reenviar:** Abre también una ventana nueva con el texto del mensaje original, pero sin incluir destinatario alguno, de forma que pueda mandar el mismo mensaje que ha recibido a cualquier otra persona.

 Recuerde que puede acceder a todas estas opciones sin tener que abrir el mensaje recibido. No tiene más que hacer clic sobre el mensaje, en la misma Bandeja de entrada, con el botón derecho del ratón y elegir una de estas tres mismas opciones en la ventana desplegable que se le mostrará.

Es posible eliminar todo o parte del texto incluido en el mensaje original como si se tratara de texto que ha escrito usted mismo. No tiene más que seleccionarlo con el ratón y borrarlo sin problemas.

Organización de los mensajes

La Bandeja de entrada es el almacén de los mensajes que recibe en Outlook Express, pero hay ocasiones en las que no resulta suficiente trabajar con esta única carpeta. Supongamos, por ejemplo, que el ordenador es compartido por dos o más usuarios, cada uno de los cuales dispone de una cuenta de correo diferente y quiere mantener la privacidad de los mensajes. En ese caso puede crear una carpeta, o varias, para cada uno de ellos, donde poder guardar sus mensajes a salvo de los curiosos.

Para crear una nueva carpeta deberá hacerlo desde la sección Carpetas de la ventana principal. Nos situaremos encima de la carpeta que queremos que contenga la que vamos a crear y haremos clic con el botón derecho del ratón para seleccionar la opción Nueva carpeta en la ventana desplegable que ha aparecido.

Aparecerá un cuadro de diálogo, llamado Crear carpetas, en el que deberá introducir el nombre que debe recibir la carpeta y podrá seleccionar de nuevo la carpeta que va a contener a la de nueva creación. De esta forma, podrá crear tantas carpetas como desee.

Una vez que dispone de las carpetas puede mover los mensajes a ellas de dos formas: arrastrándolos directamente desde la Bandeja de entrada y soltándolos sobre la carpeta deseada o seleccionando los mensajes y haciendo clic con el botón derecho del ratón, para escoger entonces las opciones Mover a la carpeta o Copiar a la carpeta.

Imprimir mensajes

Es muy normal necesitar una copia impresa de un mensaje y Outlook Express se lo pone fácil. No tiene más que dirigirse a Archivo>Imprimir, hacer clic con el botón derecho del ratón sobre el mensaje y seleccionar Imprimir, hacer clic en el botón **Imprimir** que se encuentra en la barra de botones o presionar la combinación de teclas **Control-P**. En cualquiera de los casos se iniciará el proceso de impresión del mensaje de correo electrónico, que es similar al de cualquier otro documento.

Direcciones de correo

La libreta de direcciones en Outlook Express funciona como una agenda. En ella podrá almacenar una lista de todos sus contactos, en la que es posible incluir casi todo tipo de datos, como puede ser el nombre y apellidos, dirección de correo electrónico (por supuesto), dirección física, números de teléfono y cualquier otra información que desee.

En cualquier caso, la libreta de direcciones le ayudará a encontrar a los destinatarios de sus mensajes, ya que será a ella a la que podrá acceder desde cualquiera de los campos de un nuevo mensaje de correo electrónico para seleccionar a los destinatarios del mismo.

Para incluir a una persona en la libreta de direcciones disponemos de varios caminos:

1. Responder al mensaje que le han enviado, en cuyo caso Outlook añade automáticamente al remitente en la libreta de direcciones.

2. Hacer clic sobre un mensaje con el botón derecho del ratón y proceder a seleccionar la opción Agregar remitente a la libreta de direcciones.

3. Seleccionar Agregar remitente a la libreta de direcciones en el menú Herramientas.

4. Hacer clic en el botón **Direcciones**, con lo que se abrirá el cuadro de diálogo Libreta de direcciones y allí podrá seleccionar Nuevo y luego Contacto para añadir un nuevo contacto a la libreta de direcciones.

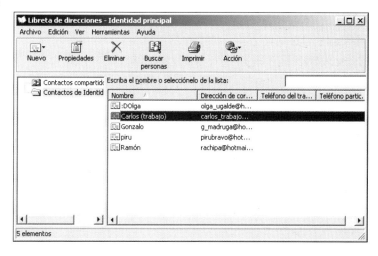

Siempre es posible acceder a las propiedades de un contacto para modificarlas o revisarlas seleccionando el contacto en la lista de contactos o en cualquier mensaje, haciendo clic con el botón derecho y escogiendo la opción Propiedades.

Organización automática

Ya hemos visto que es bastante sencillo crear carpetas para administrar mensajes, pero la tarea de mover todos los mensajes a la carpeta adecuada puede resultar muy pesada si recibe muchos mensajes cada día. Con el fin de agilizar esta tarea, y con muchos otros que ahora veremos, Outlook Express le ofrece las reglas de mensajes, gracias a las cuales podrá establecer reglas que, en función de unas condiciones determinadas, realicen ciertas acciones programadas.

Para acceder a las reglas de mensajes la única forma es hacerlo desde el menú Herramientas, seleccionando Reglas de mensajes. Una vez allí dispondrá de opciones para establecer reglas para los mensajes de correo electrónico, las noticias de los grupos o establecer una lista de remitentes bloqueados. En cualquiera de los casos se abrirá un cuadro de diálogo llamado Reglas de mensaje.

Vamos a ver un ejemplo con el fin de conocer el funcionamiento de estas reglas. Para ello crearemos una regla que establezca que todos los mensajes recibidos de un cierto destinatario se muevan automáticamente a una carpeta concreta.

1. En el cuadro de diálogo Reglas de mensaje, y dentro de la pestaña Reglas de correo, seleccione el botón **Nueva** con el objeto de crear una nueva regla. Como resultado, se abrirá un cuadro de diálogo llamado Regla de correo nueva.

2. En primer lugar hay que seleccionar la condición que debe cumplir la regla. Verá que hay varias condiciones (unas doce) que son muy variadas. En este caso escoja la que se llama La línea De contiene personas y diríjase a la siguiente sección.

3. Como acción para la regla vamos a seleccionar Moverlo a la carpeta especificada.

4. Ahora pasaremos a la tercera sección. Allí deberá hacer clic en las palabras subrayadas como hipervínculos para establecer las características de la condición y de la acción. Haga clic en contiene personas y, en el cuadro de diálogo Seleccionar personas, escriba el nombre de una persona o seleccione Libreta de direcciones para seleccionar uno de los contactos de la libreta.

5. Haga clic en **especificada** y, en el cuadro de diálogo **Mover**, seleccione una de las carpetas que ha creado en su aplicación o cree una nueva carpeta.

6. Por último, establezca un nombre para la regla que la identifique de manera adecuada. Si quiere aplicar de inmediato la regla, haga clic en **Aplicar ahora**, y en el cuadro de diálogo que se abrirá seleccione las carpetas a las que quiere aplicar la nueva regla.

Como ve el proceso es muy sencillo. La única traba se encuentra en la gran cantidad de combinaciones que se pueden dar entre las condiciones y las acciones disponibles, por lo que le recomendamos que pase algún tiempo experimentando con las diferentes posibilidades para sacar el máximo partido a esta útil función de Outlook Express.

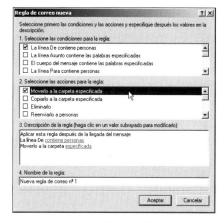

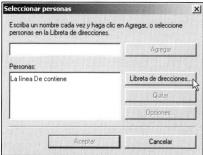

 Recuerde que estas reglas no sólo están disponibles para los mensajes de correo, sino también para los mensajes de los grupos de noticias. Pruebe a establecer reglas también para éstos.

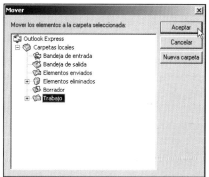

Capítulo 6
Correo Web

Orígenes

El correo electrónico, en sus orígenes, sólo se podía emplear mediante un ordenador que dispusiera de un programa cliente de correo correctamente configurado y que se conectara a un servidor de correo para enviar y recibir los mensajes. El espectacular desarrollo de la Web trajo consigo una interesante posibilidad: el correo Web. Gracias al correo Web es posible leer y enviar mensajes desde cualquier navegador Web sin tener más programas instalados ni configurados. Ante esto surgen varias preguntas, ¿cómo funciona? ¿qué posibilidades tiene? ¿es mejor que el correo tradicional también conocido como correo POP? En primer lugar, veremos brevemente en qué se diferencia del correo POP, así como las ventajas de cada sistema para pasar luego a conocer cómo trabajar con una de las diferentes opciones disponibles.

Cómo funciona el correo Web

En primer lugar conviene saber cómo funciona el correo electrónico POP. Cuando se envía un mensaje de correo electrónico, éste sigue un camino muy parecido al de una carta postal. La persona que quiere enviar el correo electrónico lo escribe y, una vez terminado, da la orden de enviarlo. En este caso su ordenador se pone en contacto con su servidor de correo, se identifica y le envía el contenido del mensaje. El ordenador del remitente funciona como un buzón, en el que esa persona deposita su carta para que llegue a su servidor de correo electrónico, que actúa como la oficina local de correos. De hecho, las siglas POP corresponden a Protocolo de oficina de correos.

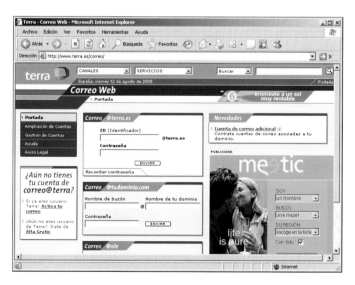

El símil seguiría de esta forma. Esa oficina consulta los datos de destino del correo y lo envía por el canal más apropiado a la oficina postal más cercana al destinatario. Desde allí el cartero llevará la carta hasta el buzón del destinatario, que podrá cogerla en cuanto abra el buzón de su casa. En el caso de un correo electrónico, el servidor del remitente analiza la dirección a la que va destinado del correo electrónico.

A continuación, le transmite al servidor del destinatario, donde se quedará almacenado hasta que el destinatario se conecte a Internet y ponga en marcha su programa de correo para recibir los mensajes nuevos. El mensaje de correo escrito por el remitente pasa de su ordenador al primer servidor, de éste al servidor del destinatario y de aquí hasta el equipo del destinatario. Al final sólo queda una copia del mensaje en el ordenador del destinatario.

Si dispone de una cuenta de correo Web no necesitará un programa como Outlook, le bastará con un navegador Web. De esta manera, el paso final del ejemplo en el que el usuario ejecuta el programa cliente de correo para que se ponga en contacto con su servidor y se descargue los mensajes se convierte en un acceso a una página Web. Con una cuenta de este tipo, le bastará con ejecutar el navegador Web y acceder al servidor de correo Web, por ejemplo Hotmail (www.hotmail.com). Allí se le pedirá su identificador y clave. Una vez verificada su identidad, el navegador Web le mostrará los contenidos de su correo electrónico y le permitirá enviar mensajes.

La diferencia fundamental entre el correo POP y el correo Web es el sitio en el que se almacenan los mensajes. En el correo POP, el mensaje se almacenará en su ordenador y en ningún otro sitio. En el correo Web, el mensaje siempre permanece en el servidor. Por este motivo el correo Web es muy interesante si suele desplazarse de un sitio a otro o si quiere consultar su correo en un lugar en el que no tenga acceso a su ordenador. Podrá consultar su correo Web y enviar mensajes desde cualquier lugar del mundo en el que tenga acceso a Internet.

Ventajas del correo Web

La mayor ventaja es que el correo Web, hasta el momento, es gratuito. Inicialmente era gratuito pero poco a poco los distintos proveedores están limitando sus posibilidades.

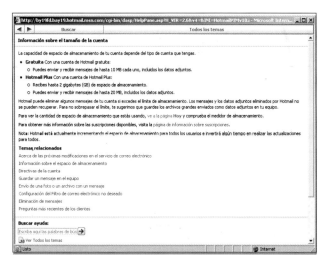

Hoy, todavía se puede disponer de correo Web gratis, pero las posibilidades más avanzadas sólo están disponibles previo pago. En cualquier caso, el servicio básico suele ser más que suficiente aunque, a cambio, le mostrará anuncios constantemente. Como se verá más adelante, para un usuario que comienza, las posibilidades del correo Web gratuito son adecuadas Sólo con el uso empezará a echar en falta algunas posibilidades.

En ese momento es cuando tendrá que sopesar si merece la pena pagar por funciones adicionales, principalmente por hacer compatible su cuenta Web con su programa habitual de correo POP. La segunda ventaja ya se ha mencionado. Es posible acceder al correo Web desde cualquier parte. Sólo hace falta recordar la dirección Web (www.hotmail.com en este caso), el nombre de usuario y la clave. Sin más datos que éstos podrá acce-

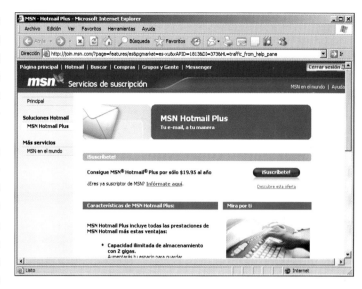

der a su correo desde cualquier ordenador conectado a la Red. Esta posibilidad es muy interesante cuando esté de viaje, ya que podrá mantener el contacto con sus amigos y familiares sin tener que acarrear con un ordenador, un módem, complicadas instrucciones de conexión a Internet en el extranjero, etc. Bastará con visitar un cibercafé y en pocos minutos estará al día. También es muy útil para acceder desde el trabajo a su correo personal.

Obviamente no todo son ventajas. La primera desventaja es que sólo se pueden leer y escribir mensajes de correo mientras se esté conectado a Internet. Si emplea una conexión de banda ancha como ADSL o cable, o tiene una tarifa plana de teléfono, generalmente esto no será un problema, pero si cada minuto de conexión le cuesta dinero, este sistema le saldrá más caro que un correo POP.

El correo Web ha sufrido una gran evolución desde hace muy poco tiempo. Como veremos más adelante, la incursión de Google ha hecho que incluso Microsoft abandone su planteamiento de cobrar por cada correo electrónico que se enviara desde la Red.

En el correo Web los mensajes se almacenan en el servidor, cuya capacidad suele variar pero que se presenta como más que suficiente. Si se decanta por un servicio de pago, una de las primeras ventajas suele ser un aumento de este límite así como la posibilidad de recibir sus mensajes en su gestor de correo electrónico, como ya hemos apuntado.

El hecho de escribir los mensajes sólo mientras está conectado al correo Web hace que no pueda dedicarles tanto tiempo como con un correo POP. Esto repercute en la redacción del texto.

Si tiene todo el tiempo del mundo para escribir un mensaje y, cuando esté terminado, se conecta y lo envía, como haría con un correo POP, seguramente esté mejor escrito y haya tenido tiempo de pensar mejor en lo que quería decir que si se conecta a Internet, entra en su correo Web, lee un mensaje y responde a él en pocos minutos. Si el buzón es personal, esto no es muy importante, pero si lo emplea para su trabajo, quizás sea mejor idea contar con un correo POP.

Una vez claros los conceptos básicos, llega el momento de crear una cuenta de correo Web. Aunque son muchas las opciones a las que puede acudir para crear su cuenta, utilizaremos el servicio de Hotmail por ser una de las pioneras. Actualmente tiene mucho más sentido crear su cuenta en otras servicios como puede ser el de Yahoo!, ya que le ofrecen más espacio de almacenamiento sin coste alguno. Más adelante veremos el servicio Gmail de Google, al que por ahora sólo se puede acceder por invitación de otro miembro, pero que se vislumbra como el futuro del correo Web gracias a sus múltiples posibilidades.

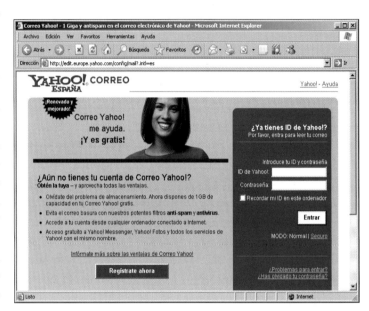

Suscribir el servicio

El proceso para crear una cuenta de correo Web en una página como puede ser Hotmail es muy sencillo. Sólo tendrá que cumplimentar un sencillo formulario y en pocos minutos estará lista. Veamos la forma de hacerlo:

1. Conéctese a Internet, inicie el explorador Web y vaya a la dirección: www.hotmail.com.

2. En la pantalla que aparecerá, haga clic en la pestaña Crear una cuenta MSN Hotmail.

3. A continuación verá el formulario que debe rellenar para disponer de una cuenta gratuita. Rellene en primer lugar los datos personales que le solicitan En los campos que tienen una pequeña flecha en la parte derecha no debe escribir nada. Haga clic sobre la flecha para que se despliegue la lista, y seleccione el valor deseado.

4. Cuando termine este apartado, desplace la página hacia abajo para escribir los datos relacionados con la cuenta de correo. Aquí debe elegir un nombre para la cuenta.

5. Ahora debe escribir la contraseña que tendrá su buzón. Por razones de seguridad, teclee lo que teclee, en pantalla sólo aparecerá un círculo por cada carácter. El sistema le pedirá que escriba otra vez la contraseña para verificar que la ha escrito correctamente.

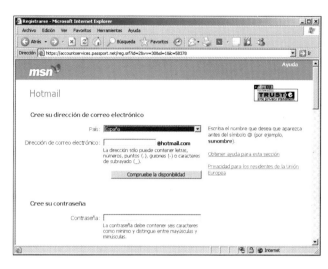

6. Hotmail también le pedirá que seleccione una pregunta y la respuesta que sólo usted conoce. Ésta es la pregunta que le hará Hotmail si pierde la clave de su cuenta y no consigue entrar en ella para verificar que es quien dice ser.

7. A continuación puede elegir si desea que su dirección aparezca en servicios públicos de Hotmail para que otras personas puedan encontrarle. También le pedirá que escriba las cifras y letras de un curioso gráfico. Esta medida sirve para comprobar que es una persona quien solicita el alta y no un programa de ordenador que alguien haya puesto en marcha para crear miles de cuentas desde las que lanzar luego correos no deseados (también conocidos como *spam*).

8. Desplácese hasta el final de la página. Allí Hotmail le permite consultar las condiciones de uso del sistema y le pide su confirmación para activar la cuenta. Haga clic en **Aceptar** si está de acuerdo con todas estas condiciones para seguir con el proceso.

9. Es posible que el nombre que ha especificado para la cuenta ya lo está empleando otro usuario. Este nombre debe ser diferente al de cualquier otro usuario de Hotmail.

Con los millones de usuarios que tiene actualmente, no espere que nombres como **Jose_Garcia** o **internauta** estén libres. El nombre sólo puede contener letras sin acentuar, números y el guión bajo. Si los primeros nombres que se le ocurren ya están reservados, pruebe a añadirle una cifra al nombre para ver si está libre, como en **josecar1984**. Seguramente así sí consiga dar con un nombre que esté libre. Hotmail le propondrá algunos nombres que están libres.

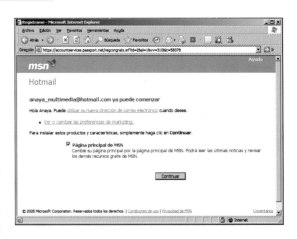

10. Si todo ha ido bien, verá una pantalla de confirmación. En ella se le recuerda la dirección de correo que acaba de crear. Haga clic en **Continuar**.

11. A continuación Hotmail le mostrará varias pantallas en las que le ofrece diversos servicios de Marketing. En el caso de que no esté interesado en ninguno de ellos, puede desplazarse hasta el final de la página para terminar con el proceso.

12. ¡Ya está! Tras este laborioso proceso, ya tiene su cuenta activada.

En el caso de que elija otra servicio para darse de alta, el proceso de suscripción suele ser muy parecido al que acabamos de analizar en las líneas de texto precedentes.

Acceso a Hotmail

Una vez que tiene una cuenta en un servicio de este tipo, cada vez que desee consultar su correo Web o escribir mensajes, sólo tiene que seguir estos sencillos pasos:

1. Conéctese a Internet en el caso de que no lo esté ya.

2. Inicie un navegador Web y escriba la dirección: www.hotmail.com

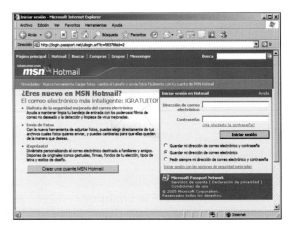

3. En el recuadro que aparecerá, escriba el nombre de su cuenta en el campo Dirección de correo electrónico y su clave en el campo Contraseña.

4. Haga clic en **Iniciar sesión** y entrará directamente en la pantalla principal de su correo Web.

A continuación veremos cómo está estructurada la página principal de Hotmail, cómo crear y leer mensajes y qué posibilidades adicionales ofrece. Insistimos en la similitud de nuestro ejemplo con Hotmail a lo que se encontrará si se decanta por otra opción.

La página principal

Hotmail es uno de los servicios que ofrece Microsoft en Internet englobados dentro del nombre MSN. La página principal de Hotmail no sólo contiene pestañas, botones e información sobre el correo sino que, además, permite ir directamente a más servicios de MSN como un buscador, un portal de compras, un portal de motor, un portal de información económica o un sistema de chats y comunidades virtuales, entre otros. En este capítulo nos centraremos en el

manejo de la parte dedicada al correo electrónico, esto es a Hotmail, y no entraremos en el resto de posibilidades de MSN.

La página principal de Hotmail reúne los enlaces a toda clase de servicios y desde ella podrá leer sus mensajes, escribir y enviar nuevos mensajes o hacer cambios en la configuración del correo.

Esta página principal tiene varias zonas. En la parte superior dispone de accesos a los componentes de MSN mencionados anteriormente (Buscador, Portal de motor, financiero, chats, comunidades virtuales, etc.). En la parte superior se encuentra el icono **Cerrar sesión**, que le desconectará del sistema. Si lo pulsa, abandonará su cuenta y para volver a entrar tendrá que proporcionar de nuevo su identificador y su clave.

En la parte izquierda de la página podrá ver un bloque de opciones con multitud de servicios adicionales que no están relacionados directamente con el correo.

La zona que más nos interesa ocupa el resto de la página, esto es, todo lo que no sea la banda superior y la columna izquierda. En esta zona podrá ver una serie de pestañas: Hoy, Correo, Calendario y Contactos. La primera, Hoy, siempre le llevará de vuelta a la página de inicio. Utilícela cuando se sienta "un poco perdido". A continuación veremos qué hace cada opción y, más adelante, se mostrarán sus funciones con detalle. Cuando pulse una opción, ésta cambiará de color para indicarlo y cambiará su contenido, pero el resto de la ventana principal permanecerá igual. En caso de duda, fíjese en qué pestaña tiene un color más oscuro; ésa será la pestaña dentro de la que se encuentra.

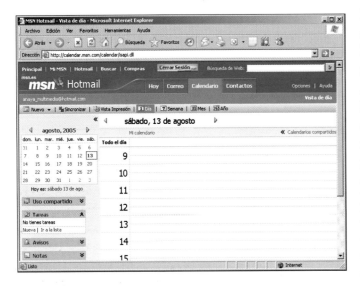

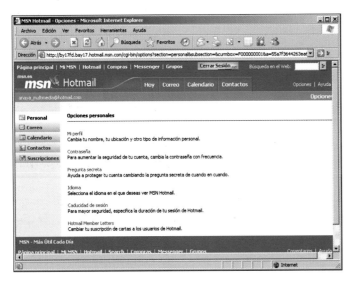

La pestaña Correo le llevará directamente a la carpeta en la que se almacenan todos los nuevos mensajes que recibe. Aquí podrá leer, contestar o borrar los mensajes que desee. Habitualmente es el primer lugar al que accederá nada más conectarse. La tercera pestaña, Calendario, le llevará a una pantalla desde la que podrá gestionar su agenda y que le puede servir como recordatorio de citas o de fechas destacadas como puede ser un cumpleaños. La última pestaña, Contactos, le servirá para tener organizada su agenda de direcciones de correo. Recordar una o dos direcciones de correo electrónico es muy sencillo, pero se convierte en una pesadilla si habitualmente envía correo a varias personas. Desde aquí podrá gestionar toda esta información fácilmente. A la derecha de estas pestañas se encuentran otros dos enlaces, Opciones y Ayuda.

El primero de ellos le llevará a una pantalla en la que podrá realizar ajustes respecto al modo en el que funcionará su correo de Hotmail. En cada caso bastará con hacer clic sobre la opción para entrar en ella. Cada una de ellas está acompañada de una breve descripción de su funcionamiento. Si en cualquier momento tiene dudas respecto al funcionamiento de algún menú o ajuste, bastará con que acceda a la última opción, Ayuda, que le llevará a un sistema de ayuda.

La parte principal de la pestaña Hoy contiene accesos directos a las carpetas más comúnmente empleadas, en este caso la Bandeja de entrada y la que contiene lo que Hotmail ha identificado como Correo no deseado. Si quiere acceder a otra carpeta, también tiene un enlace para ello dentro de la pestaña Correo. Por último, un indicador le muestra cuánto espacio ocupan sus mensajes del total que tiene asignado. Como recordará, esto dependerá de si está empleando el servicio gratuito o la modalidad de pago. En el siguiente apartado veremos cómo está organizada la bandeja de entrada.

La bandeja de entrada

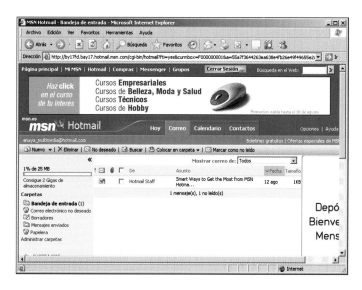

¡Qué mejor que una agradable bienvenida a Hotmail! Eso es precisamente lo que se encontrará nada más acceder a la bandeja de entrada después de haber creado la cuenta. Como hemos visto antes, el resto de la pantalla no cambiará de aspecto, solamente la zona que se encuentra bajo las pestañas.

La parte más importante es la situada en el centro. Allí podrá ver un listado con los mensajes de la bandeja de entrada. Cada uno de ellos le mostrará varios campos de información. El primero es quién le envía el mensaje (De). Haga clic sobre este campo para que Hotmail le muestre su contenido.

A continuación puede ver el Asunto del mensaje, esto es, una descripción de lo que trata. Considérelo un resumen o título del mensaje. ¡Y no olvide que los mensajes que escriba luego deben tener uno y que éste debe ser lo más descriptivo posible!

El siguiente campo le muestra la fecha en la que le enviaron el mensaje y, para terminar, cuál es su tamaño.

Este tamaño será reducido para mensajes que sólo contengan texto, pero crece rápidamente si recibe mensajes con ficheros adjuntos.

En la columna izquierda dispone de una serie de enlaces a las carpetas existentes así como de botones para Administrar carpetas y de la inevitable publicidad que conlleva un servicio gratuito. Justo sobre la lista de mensajes verá una serie de botones. Antes de pulsarlos debe seleccionar el

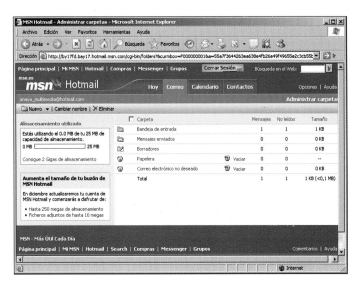

o los mensajes a los que afectarán. Utilice para ello las casillas de verificación que preceden a cada mensaje de la lista. Si desea realizar una acción con todos ellos, bastará con seleccionar la casilla que se encuentra justo encima del primer mensaje, a la izquierda del campo De. Una vez elegidos, podrá realizar varias acciones.

Puede borrar mensajes con el botón **Eliminar**. Puede seleccionar un mensaje como no deseado con el botón **No deseado** para que Hotmail los considere así y almacene los mensajes del mismo remitente en la carpeta Correo no deseado. También puede seleccionar **Marcar como no leído** para que Hotmail se lo muestre luego como si lo acabara de recibir.

Esto le puede ser útil si no suele borrar o mover los mensajes de la bandeja de entrada y desea que no se le pase por alto este mensaje la próxima vez que se conecte.

Por último puede seleccionar una de las carpetas de su buzón de la lista desplegable Colocar en carpeta… y mover los mensajes seleccionados a dicha carpeta. La última opción es la que le permite localizar mensajes gracias a **Buscar**. Con estas sencillas opciones siempre tendrá organizado su correo.

Todas las opciones que podrá encontrar en su gestor de correo Web tienen como finalidad serle de ayuda para un mejor control de sus mensajes. Tenga en cuenta que, a diferencia de un gestor POP, el tiempo del que suele disponer para trabajar con sus mensajes a través de la red es algo menor, por lo que todas estas herramientas resultan prácticamente imprescindibles para no perder el control total de sus comunicaciones. En cuanto comience a trabajar con ellas comprenderá su gran utilidad.

Redactar mensajes

Sí, está muy bien acceder a los mensajes recibidos pero, ¿cómo se crea un mensaje nuevo? Es muy sencillo. Sólo tiene que pulsar la opción **Nuevo** de la pestaña Correo o la opción **Nuevo Mensaje** de la pestaña Hoy para pasar a la ventana de edición de mensajes. No se asuste, aunque parezca que dispone de muchos campos, verá que es muy sencillo rellenar un mensaje.

En primer lugar, escriba en el campo Para: la dirección

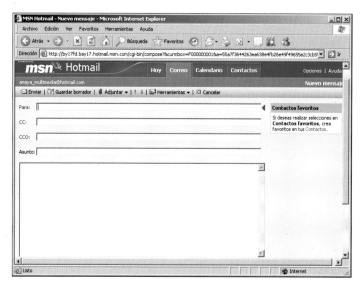

del destinatario del mensaje. Puede incluir más de uno si los separa por comas. En el campo CC: (Con copia) puede escribir la dirección de alguien que quiere que reciba también el mensaje. Esta característica suele emplearse para enviar un mensaje a una persona y notificarle a otra u otras este hecho, algo muy común en un entorno de trabajo. La opción CCO: (Con copia oculta) hace lo mismo pero de forma oculta. El destinatario principal no verá el contenido de este campo. La última línea, Asunto:, sirve para escribir un título del mensaje para que los destinatarios tengan una idea de lo que trata antes de abrirlo.

Debajo de la última línea dispone de una serie de opciones, como **Adjuntar**, con el que podrá seleccionar los ficheros que desea incluir junto al mensaje. De esta manera le enviará al destinatario del mensaje no sólo el contenido de texto del mensaje sino un documento de Word, Excel, una foto, un pequeño vídeo o una canción, lo que prefiera.

Para ello tendrá la opción de elegir entre **Imagen**, **Archivo** o **Información de contacto**. Según su elección, Hotmail le mostrará opciones adicionales. Cuando el destinatario los reciba, igual que si le llega un mensaje con archivos adjuntos a su equipo, podrá seleccionar cuáles desea guardar en su disco duro y cuáles no. Para evitar el riesgo que pueden suponer ciertos tipos de archivos adjuntos, Hotmail verifica si contienen virus antes de que los pueda recoger. Si alguno de ellos contiene un virus, el sistema lo eliminará y no le dejará bajarlo para impedir su propagación.

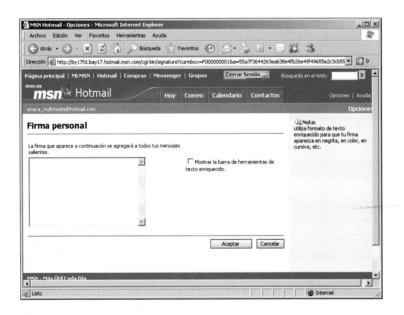

La zona inferior de la pantalla es el área de texto del mensaje. Escriba en ella el contenido de su mensaje. La costumbre es que tenga un formato similar al de una carta: un saludo, el contenido del mensaje y, por último, una despedida. Si va a escribir mensajes a menudo, seguramente desee dedicarle unos minutos a crear una firma estándar. Una firma es la despedida final del mensaje, que puede tener un aspecto muy simple, como "Saludos, Pedro Pérez" o ser más elaborada y contar con varias líneas que indiquen su nombre, dirección de correo, teléfono, etc.

La ventaja de la firma es que, una vez creada, Hotmail la incluirá automáticamente a sus mensajes cuando los redacte. Para crear una firma, acceda al enlace Opciones de la parte superior y, a continuación, a la entrada llamada Firma. En la pantalla de edición que le mostrará Hotmail podrá seleccionar distintos atributos del texto (tamaño, negrita, color, alineación, etc.).

Una vez termine de escribir el mensaje, pulse el botón **Enviar** si desea enviarlo rápido o **Guardar borrador** si prefiere dejarlo para más adelante. Así podrá revisar su contenido, editarlo nuevamente si no le convence y mandarlo después.

El botón **Cancelar** sirve para, ¡lo ha adivinado!, para desechar el mensaje. Si desea almacenar una copia de este mensaje en la carpeta Mensajes enviados, seleccione la casilla con ese nombre que encontrará justo debajo del cuerpo del mensaje. Es recomendable hacerlo siempre que le haya llevado un buen tiempo redactar el mensaje por si lo necesita más adelante. En caso de agotarse el espacio asignado por Hotmail, siempre podrá borrarlo.

La libreta de direcciones

Como ya se imaginará, en cuanto empiece a tener cierta cantidad de "correspondencia" electrónica, llevar el control de las direcciones de correo electrónico puede complicarse bastante. Para ayudarle en esta tarea dispone de una libreta de direcciones a la que se accede mediante la pestaña Contactos. Esta libreta le permitirá asociar el nombre y los apellidos con cada dirección de correo electrónico que dé de alta así como darle un nombre fácilmente reconocible (llamado **Nombre corto**). Cuando termine de rellenar los datos, pulse el botón **Agregar** para confirmarlo. La dirección recién creada aparecerá en la lista de la parte central.

En el caso de que quiera evitarse tener que volver a incorporar todos los datos de sus contactos porque ya dispone de ellos en la libreta de direcciones de su ordenador, podrá utilizar la opción **Importar contactos**, que se encargará de añadir a su gestor Web de correo electrónico las direcciones que ya tuviera.

Otra importante ventaja relacionada con este campo de Hotmail es la posibilidad que le ofrece de añadir automáticamente los contactos de aquellas direcciones a las que haya enviado un mensaje. Para ello, tras el envío de éste, aparecerá una pantalla que le dirá cuáles de los remitentes no se encuentran en su libreta para que los pueda incorporar de forma prácticamente automática, quedando sólo pendientes los datos adicionales de contacto de la persona o empresa en cuestión.

Gestión de mensajes recibidos

El uso del correo electrónico se ha extendido mucho. Hoy en día se emplea para comunicarnos con amigos, como una herramienta más en el trabajo o para ponernos en contacto con una empresa respecto a cualquier producto o servicio que deseemos. Esto ha provocado que, cada día, millones y millones de mensajes de correo electrónico viajen por Internet. Algunos de ellos acabarán en su bandeja de entrada pero, ¿qué hacer si son mensajes comerciales que no ha solicitado? ¿Y si recibe sólo correo pero en gran cantidad? A continuación veremos dos de las herramientas de Hotmail para gestionar estas situaciones.

Correo no deseado

En muchas ocasiones recibirá mensajes de personas y empresas que no conoce intentando venderle toda clase de productos. ¿Cómo hacer para que dejen de enviar publicidad no deseada? Esto es bastante complicado, ya que depende de la buena fe de quien le envía los mensajes pero, vista la forma en la que le ha conocido, parece que no va a ser un camino fácil. Hotmail le proporciona un sistema más fácil. Le enviarán el mensaje, pero no lo leerá a no ser que lo desee expresamente. Si activa el sistema de mensajes no deseados y da de alta una dirección como origen de este tipo de mensajes, Hotmail colocará en la carpeta Mensajes no deseados todo el correo que venga de esta dirección. Siempre podrá consultarlo por si el sistema filtra algún mensaje que sí le interesa, pero le evitará tener que saltar por encima de ellos en la bandeja de entrada.

Si desea activar esta posibilidad, pulse en el enlace Opciones y luego en Protección frente al correo electrónico no deseado. Hotmail le mostrará una pantalla en la que puede seleccionar cuál de las tres opciones de filtrado prefiere: Bajo, Alto o Exclusivo. Salvo que tenga un gran problema con este tipo de correo, lo recomendable son los ajustes Bajo o Alto. El tercer nivel, Exclusivo, puede ser casi tan problemático como no activar el filtro.

Filtros

Es posible que no reciba mensajes no solicitados pero que sí reciba una gran cantidad de mensajes. Cuando bastantes de ellos procedan de unas pocas direcciones, puede interesarle activar uno o más filtros en Hotmail. De esta manera, nada más recibirlos, Hotmail aplicará los criterios especificados en los filtros y clasificará los mensajes. Estos criterios pueden ser una parte del texto que esté presente en el asunto del mensaje o la dirección de procedencia. Si se cumple la condición del filtro, puede elegir entre cuatro acciones, dejarlo en la bandeja de entrada, trasladarlo a la carpeta de correo no deseado, moverlo a una nueva carpeta cuyo nombre especificará aquí o, finalmente, eliminar el mensaje. Seleccione uno, pulse **Aceptar** y, a partir de este momento, el filtro actuará sobre los mensajes entrantes. Para llegar hasta esta pantalla, pulse en el enlace Opciones y luego en Filtros personalizados.

Encuentra un mensaje

En cuanto lleve un tiempo utilizando Hotmail, si no borra los mensajes entrantes, seguramente tenga decenas de correos electrónicos repartidos en varias carpetas. Es posible que en algún momento desee localizar alguno de ellos para consultar un dato, una dirección de correo, etc. Para conseguirlo puede ir probando, uno a uno, hasta encontrarlo, o aprovecharse de las funciones de los ordenadores para que hagan el trabajo por usted. En este caso bastará con acceder a la bandeja de entrada y allí, hacer clic en la opción **Buscar** que encontrará justo bajo las cuatro pestañas principales.

En este momento Hotmail le mostrará una pantalla en la que debe escribir la palabra o frase que sirva para identificar el mensaje buscado (un nombre, un término, etc.), e indicar cómo y dónde debe buscar Hotmail. Puede elegir entre buscar sólo en la cabecera del mensaje o en todo su contenido, así como las carpetas a las que debe restringirse la búsqueda.

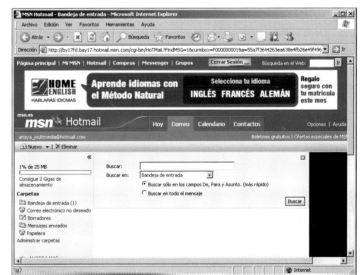

Gmail

Como dijimos al principio de este capítulo, hemos elegido Hotmail como gestor de correo Web por su popularidad entre la mayoría de los usuarios así como por ser de los pioneros en ofrecer este servicio en la Red, mucho antes de que Microsoft se hiciera con su control. En este momento, el gestor que se encuentra liderando la revolución del correo a través de la Web es la herramienta Gmail, desarrollada por Google.

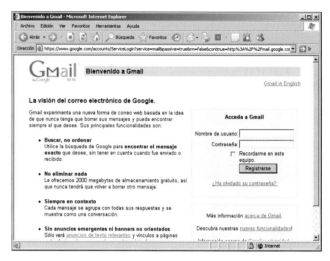

En el momento de escribir estas líneas, el servicio todavía se encuentra en su fase de desarrollo, por lo que la única opción para conseguir una cuenta es ser invitado por otro usuario. Si conoce a alguien que disponga de una cuenta de correo electrónico, en este servicio le puede solicitar que le envíe una de estas invitaciones, aunque lo más posible es que el servicio sea en breve de público acceso.Para acceder a la página principal de Gmail debe escribir www.gmail.com. Allí encontrará una breve descripción de lo que ellos mismos denominan "La visión del correo electrónico de Google".

La principal ventaja es que ofrece la mayor capacidad de almacenamiento de la red, con 2 Gigabytes de espacio. Gracias a ello no tendrá que preocuparse de borrar o mantener sus archivos, ya que tardará bastante tiempo en ocupar todo ese espacio. Al ser una cuenta gratuita, también tendrá publicidad, aunque ésta será de otro tipo, lo que levantó gran controversia en el momento de su lanzamiento.

La forma en la que Gmail selecciona la publicidad que le mostrará es mediante el análisis del mensaje para hacerle llegar publicidad que esté asociada al contenido de éste, lo que se vió como un intromisión en la intimidad por parte de ciertos grupos. Su funcionamiento es muy similar a los anuncios que Google inserta en ciertas páginas y que muestra temáticas relacionadas con el contexto. No se librará de recibir publici-

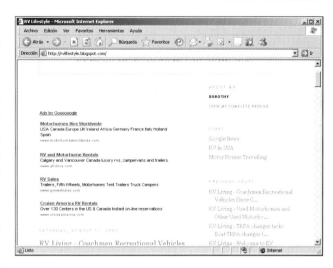

dad, pero puede que parte de ella sea de su interés.

Como no podía ser de otra forma por parte de una compañía que es propietaria de uno de los mejores motores de búsqueda de la Red, las búsquedas en los mensajes son uno de los puntos fuertes que presente Gmail a sus usuarios. Gracias a esa opción, el tiempo que tardará en encontrar un mensaje determinado es prácticamente el mismo que tarda en localizar una página Web en el buscador.

Como ya dijimos en el momento de hablar de Hotmail, tener una herramienta precisa para poder localizar mensajes es prácticamente imprescindible cuando se decide trabajar con el correo electrónico utilizando un gestor Web.

Otra característica a destacar es la organización revolucionaria de los mensajes que presenta Gmail. Aunque puede seguir fiel al estilo tradicional que hemos detallado en el análisis de Hotmail, le recomendamos que someta a prueba el nuevo estilo. En él los mensajes se muestran en su contexto. Es decir, si recibe un correo determinado y responde, verá ambos mensajes anidados.

Si le vuelven a responder, el nuevo mensaje también se añadirá a la lista. De esta forma resulta mucho más sencillo seguir el hilo de una conversación, especialmente si son varios los interlocutores.

Otra característica importante es la que permite adscribir etiquetas a los mensajes. Gracias a estas etiquetas no tendrá que volver a perder tiempo almacenando y archivando sus mensajes, ya que podrá realizar una búsqueda mediante la herramienta que ya hemos seleccionado para tener acceso a todos los mensajes relacionados. De esta forma conseguirá ganar mucho más tiempo en su trabajo sin necesidad de borrar en ningún momento los mensajes que recibe.

Otra opción que resulta prácticamente imprescindible para trabajar con el correo electrónico es una buena herramienta que seleccione y elimine el correo no solicitado. Al igual que ocurría con el gestor de Microsoft, Gmail le ofrece la posibilidad de trabajar con este tipo de mensajes. En el caso de que reciba elementos no deseados, podrá eliminarlos con un solo clic y enviar de forma automática la información al equipo de Gmail. Gracias a los mensajes recibidos por parte de los diversos usuarios de Internet, se conseguirá reducir ampliamente lo que también se conoce como Spam.

La última opción que analizaremos relativa a este programa es la opción de correo POP. Como recordará en las líneas anteriores muchos de los Sitios que ofrecían correo Web de forma gratuita sólo disponían de esta opción en la versión de pago. Gmail indica que no piensa cobrar por este uso de sus cuentas, lo que añade calidad a su servicio, ya que le permite disponer tanto en su gestor POP como en su gestor Web de la misma información sin tener que asumir por ello un pago.

Todo lo indicado en las líneas precedentes inclina la balanza de la elección por este gestor para utilizar de forma gratuita su correo electrónico tanto en su equipo habitual como en un navegador de Internet.

En el caso de que ya disponga de una cuenta de correo POP con un servidor comercial, también es posible disponer de un gestor de correo Web. Las opciones son múltiples, al igual que ocurre con las versiones gratuitas, aunque su funcionamiento no difiere prácticamente de lo que ya hemos analizado tanto en este capítulo como en el anterior. Vamos a ver una de ellas.

SquirrelMail

Uno de los problemas principales de estas aplicaciones es que la mayoría de ellas se encuentran sólo en inglés, aunque al conocer su funcionamiento esto no debería ser un problema. Como siempre, el primer paso es introducir el identificador y la contraseña para poder consultar el correo. Para ello verá una pantalla como la de la figura, aunque es posible que su empresa la haya personalizado con su logotipo y mensajes corporativos.

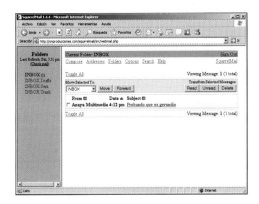

La siguiente pantalla a la que tendrá acceso le mostrará la bandeja de entrada destacando los mensajes que no haya leído. Tenga en cuenta que para poder disponer al mismo tiempo de los mensajes en su oficina y en su navegador necesitará configurar su gestor POP para que no elimine los mensajes del servidor una vez que los haya descargado, de lo contrario sólo los podrá encontrar en este último.

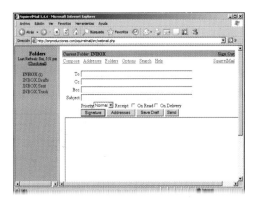

La forma de escribir y enviar los mensajes, también es muy similar a la que ya hemos analizado, por lo que no entraremos en analizarla en detalle.

Como ha podido ver, son múltiples las opciones de las que dispone para consultar sus mensajes en todo momento y en todo lugar de la mejor forma posible.

Capítulo 7
Comunicaciones
en la Red

Este capítulo hablará del fenómeno de la comunicación en Internet, y de las nuevas vías que se han abierto con el objetivo de crear espacios para facilitar y promover el encuentro de personas con unos intereses comunes. Para ello haremos una exposición sobre las características de los foros y las comunidades, nacidos del espíritu que se inició con las grupos de noticias. También conocerá los blogs o bitácoras, que están creando una nueva forma de expresión.

El primer apartado de este capítulo estará dedicado a los foros y las comunidades. Como hemos dicho en la introducción, probablemente fueran los grupos de noticias que se gestionaban gracias a los programas de correo electrónico el primer estadio de este tipo de comunicaciones. Aunque se siguen utilizando en la actualidad, hemos decidido no prestar atención a los grupos de noticias ya que han sido ampliamente superados por otras opciones. Simplemente debe saber que los grupos de noticias eran foros de discusión por correo electrónico que sólo eran accesibles por suscripción.

Foros

Una posible voluntad de permanencia de las comunicaciones, sería lo que alumbró a los foros, ya que éstos son lo más parecido a un grupo de noticias pero con presencia permanente en la Web. Es decir, si un grupo de noticias se caracterizaba por ser un tema que era planteado por cualquiera de los miembros del grupo y que era contestado por el resto, los foros son algo muy similar. Varias son las diferencias entre ambos, como, por ejemplo, que

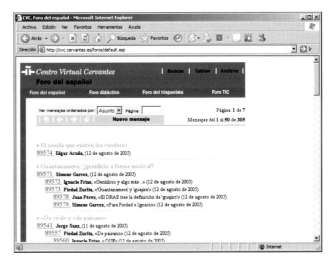

algunos foros permiten usuarios anónimos o invitados, lo cual no es posible en los foros. Este espíritu más abierto, también consigue que cualquier persona pueda entrar a un foro y leer todas las opiniones de aquellos que han participado hasta el momento.

Uno de los puntos negativos de los foros respecto a los grupos de noticias es que ese acceso libre del que hablábamos anteriormente, hace recomendable y casi necesario, un moderador. Esto se debe a que pueden existir usuarios malintencionados que accedan al foro y respondan con términos poco elegantes a los usuarios o que simplemente busquen el insulto y la descalificación.

Otra variante es el abuso de publicidad, ya que los foros también se han convertido en los últimos tiempos en otro de los objetivos del spam, con su saturación de publicidad. En la figura anterior puede ver una imagen del foro virtual que tiene abierto en Internet el Instituto Cervantes sobre dudas del español. En este caso nos encontramos ante un foro de utilidad muy manifiesta, ya que cualquier usuario que tenga una duda sobre la forma en la que se utiliza una palabra o si es correcta o no una expresión puede utilizarlo.

Sin embargo, muchos de los foros de la red, probablemente los más utilizados, son aquellos que tienen el ocio como tema en cualquiera de sus variantes, música, deportes, cine, etc. Cualquier persona puede decir lo que le ha parecido la última película que ha visto y conversar con el resto de los usuarios de la red sobre prácticamente cualquier tema.

Creación de un foro

El lector ya puede hacerse una idea de lo que es un foro con todo lo expuesto anteriormente en este mismo epígrafe. Este apartado le enseñará a utilizar una de las múltiples herramientas de las que dispone en Internet para crear un foro que posteriormente puede utilizar en su página Web.

En este caso, el foro se encontrará alojado en los ordenadores de la empresa que le facilita el asistente, aunque existen otros programas que le permitirán crear un foro que se aloje en su propio servidor. Por ser el primer método más sencillo y asequible en términos de tiempo para el usuario, nos limitaremos a explicar este grupo, aunque puede estar tranquilo ya que la segunda opción no varía demasiado de lo que aprenderá en las páginas siguientes.

Para nuestro objetivo, utilizaremos el soporte para la creación de foros que puede encontrar en la dirección web de recursos y servicios gratuitos enfocados a Webmasters y programadores www.melodysoft.com. El primer paso para crear un foro en esta dirección pasa por registrarse para obtener un nombre de usuario y una contraseña que, posteriormente, nos servirá para acceder a la administración del foro. Para ello debe hacer clic sobre el vínculo **Regístrate** que encontrará en la parte superior del menú principal de la Web.

El primer paso antes de registrarse es aceptar el contenido legal que regulará la contratación de los registros. Una vez que haya leído y comprendido el texto, puede ir al siguiente paso, en el que se le solicitará un código de usuario y una contraseña para acceder a las opciones del foro así como algunos datos personales. Tenga en cuenta que la contraseña que introduzca, como podrá leer en la propia página Web, debe tener un mínimo de seis caracteres compuestos por letras y números. El último paso antes de completar el alta le ofrece suscribirse a cierto tipo de informaciones que recibirá a la cuenta de correo electrónico que haya especificado en el formulario de alta.

Inmediatamente, recibirá en su correo electrónico un mensaje con los datos de alta en el servicio. Para finalizar con el registro, deberá hacer clic en el enlace que contendrá ese correo con el fin de confirmar los datos. En ese momento podrá acceder directamente al panel de control de su cuenta. Si prefiere salir del gestor de correo electrónico para acceder a la creación de su foro, puede volver a la página principal y acceder mediante el panel de control que encontrará.

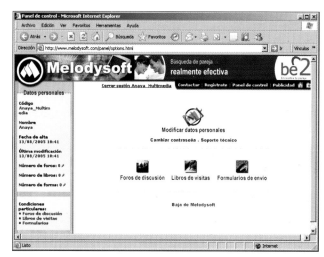

 Al igual que ocurría con los gestores de correo Web gratuitos, la compensación por utilizar un foro por el que no tenga que pagar en su Web será también la incorporación de publicidad.

Como puede ver en la figura anterior, puede crear tres tipos de aplicaciones. El que nos interesa en este caso es el primero, los foros de discusión. Los libros de visita le permitirán crear un código para que los usuarios que accedan a su Web dejen constancia de su impresión, y los formularios de envío le serán útiles si desea que el internauta le traslade información sin facilitar su correo electrónico.

Una vez que acceda al apartado de foros de discusión, le informará de que no tiene creado ningún foro y le permitirá crear uno nuevo. Haga clic sobre el botón correspondiente para acceder a un nuevo texto legal con las condiciones particulares del servicio de foros. Tras leer y aceptar las condiciones, por fin podrá acceder a la creación de su ya tan deseado foro.

La siguiente página le pedirá que identifique el foro con el objeto de su administración. Esto se debe a que si crea varios foros, a la hora de volver a utilizar el panel de control para su administración, deberá identificar con cuál quiere trabajar. El apartado Nombre del foro será el que se utilice para que el resto de los usuarios sepan cuál es la temática de éste. Le recomendamos que sea un título explicativo y, si lo cree conveniente, publicitario. Esto se debe a que su foro será indexado por los buscadores, y la mejor forma de conseguir un mayor número de visitas es llamando la atención con un título atractivo. A ello también le puede ayudar el apartado descripción del foro.

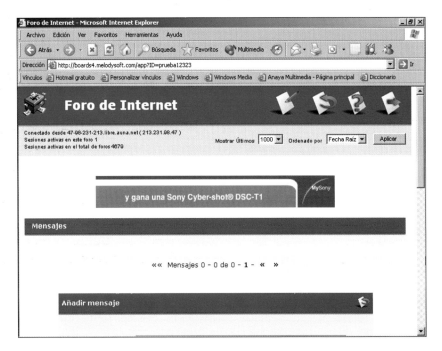

El resto de los pasos le pedirán que especifique la dirección de la página Web en la que se encontrará alojado el foro y otro tipo de datos, como la temática que tendrá, y el número máximo de mensajes que puede almacenar. Si el nombre que ha utilizado para identificar su foro está disponible, una vez que haya rellenado los pasos anteriores, el proceso habrá finalizado, y se le indicará la dirección en la que se encuentra alojado. Para introducirlo en su página Web, sólo debe añadir un enlace a la dirección que se le indique. Con este simple proceso, su foro estará terminado y visible en la red. En la figura puede ver el resultado. A partir de aquí sólo que da que los usuarios vayan utilizando el foro para dejar sus mensajes. Una opción a considerar pasa por promover temas de discusión dentro de su propio foro para alentar a los usuarios a seguir la dinámica. Si elije un ámbito que sea de interés por parte de la comunidad, no tardará mucho en recibir visitas y participaciones.

Comunidades o grupos

Las comunidades o grupos son una versión avanzada de los foros ya que permiten el intercambio no solamente de mensajes, sino también de imágenes o de información de interés general. Las comunidades o grupos suelen estar gestionadas por uno o varios administradores que suelen ser los encargados de su creación en un primer momento.

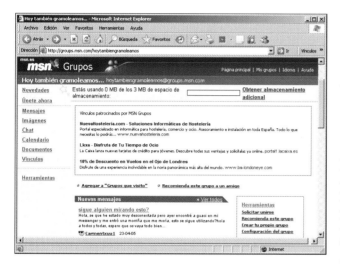

Una de las características de los grupos es que, generalmente, parten de la iniciativa de un usuario particular que decide hacer participe al resto de la comunidad de sus inquietudes. Existen grupos abiertos, es decir, a los que pueden acceder todos los usuarios que lo deseen, y grupos cerrados, a los que sólo se puede acceder por invitación. A partir de ahí hay dos opciones, ser administrador o usuario. Un administrador se encargará de velar para que los contenidos y las expresiones utilizadas en el grupo sean correctos, básicamente porque muchos de los sitios que alojan grupos tienen programas que se encargan de verificar la existencia de ciertas palabras bajo amenaza de clausurarlo si las encuentran. El usuario puede participar activamente, pero no podrá eliminar mensajes.

Creación de un grupo

Al igual que hemos mostrado en las páginas precedentes el proceso para crear un foro, en las próximas utilizaremos otra herramienta de Internet para crear un grupo. En esta ocasión utilizaremos el soporte ofrecido por Microsoft dentro de su portal general MSN.

El primer paso para crear un grupo es acceder a la dirección http://groups.msn.com. En esta página encontrará un apartado que le invita a crear su propio grupo haciendo clic sobre el enlace. El siguiente paso le solicitará tener una cuenta .NET Passport. El proceso para crear una cuenta de este estilo ya fue analizado en el capítulo seis cuando se creó para poder trabajar con Hotmail, por lo que le recomendamos que repase esas páginas. Si ya posee una cuenta, simplemente haga clic sobre la opción correspondiente, la cual le pedirá que introduzca el usuario y la contraseña.

 Una de las ventajas que tiene trabajar con las opciones que Microsoft pone a su disposición en el entorno de Internet es que sólo tendrá que darse de alta para crear su cuenta en una sola ocasión, ya que será válida para todos los servicios.

El proceso para crear un grupo es en la mayoría de los pasos muy similar al de los foros. El primer paso es introducir un nombre para identificar al grupo y una descripción de los temas que se tratarán en este. Las recomendaciones indicadas anteriormente para los foros, también son de aplicación en este caso, ya que su grupo aparecerá en las páginas de índice de MSN Groups.

A continuación deberá decidir la clasificación que tendrá su grupo, es decir, a qué tipo de usuarios se dirige, a un público general en el que los contenidos serán apropiados para todas las edades, a un público que excluye a los menores, o con un contenido para adultos que incluirá material gráfico explícito.

También tendrá que definir la directiva de participación. Ésta se refiere a cómo se realizará la participación

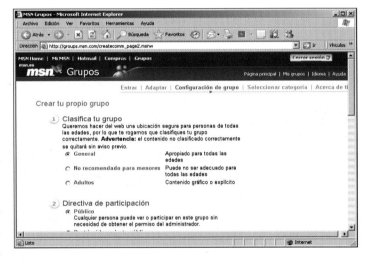

en el grupo, si éste será abierto y todos los usuarios podrán participar, si estará restringido y los usuarios tendrán que solicitar su admisión al administrador o si será un grupo privado al que sólo se podrá acceder por invitación. Entre las otras opciones que podrá configurar se encuentra la eliminación de mensajes de miembros que dejen de pertenecer al grupo. Deberá decidir si los mensajes y los archivos expuestos por miembros antiguos se eliminan totalmente o se mantienen.

En lo relativo a los mensajes también se le ofrecerá la opción de moderarlos, es decir, aprobar su contenido para que se publiquen o, por el contrario, no moderar y que todos los mensajes aparezcan publicados. Una de las últimas opciones será aquella en la que deberá decidir si quiere que el grupo que acaba de crear aparezca en los índices y buscadores de MSN Groups.

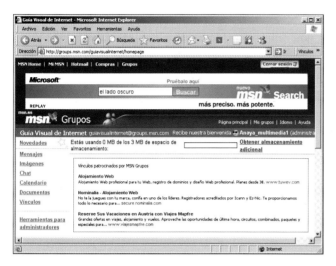

El siguiente paso le pedirá que seleccione una categoría a la que pertenecerá el grupo. Esta categoría se utilizará para colocar el grupo en un lugar adecuado dentro del buscador y los índices de la compañía. En la página siguiente deberá configurar otras opciones y aceptar el código de conducta. Tras completar el proceso, su grupo estará creado, a no ser que su nombre se encuentre ocupado, momento en el que se le ofrecerán otras opciones.

En la figura anterior puede ver el estado del grupo que acabamos de crear. Como puede observar, a la derecha, aparece una barra de tareas entre las que se encuentran las herramientas para administradores.

Todas las acciones que puede realizar a partir de este momento le serán facilitadas por el uso de los distintos asistentes de los que dispone. La mejor forma de descubrirlas, es ir haciendo pruebas con los apartados disponibles. Como muestra, le indicaremos cómo publicar un álbum de fotos dentro de su grupo.

El primer paso es hacer clic sobre el enlace **Agregar una página**. A continuación se abrirá una nueva página en la que podrá observar los distintos elementos que puede incorporar a su grupo, entre los que se encuentran un panel de mensajes, una carpeta de documentos, un calendario, una lista y el elemento que nos interesa en este momento, un álbum de fotos.

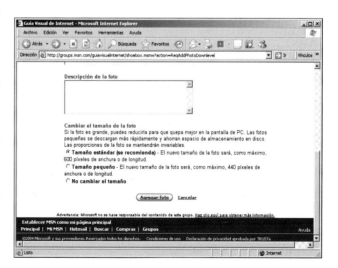

Tras hacer clic sobre el enlace del álbum de fotos, se nos pedirá que seleccionemos un nombre para describirlo, así como unas líneas sobre el contenido de las fotografías que el visitante podrá encontrar. También será el momento de decidir quién se encargará de administrar el álbum, es decir, si los visitantes podrán borrar, agregar y modificar fotos de uno o de todos los álbumes, o si esta labor sólo le corresponderá al administrador.

A partir de este momento, el álbum estará creado, sólo tendrá que agregar fotografías. Para ello seleccione el vínculo **Agregar fotos**. En la siguiente página se le ofrecerá la posibilidad de instalar una aplicación que le permite publicar múltiples fotos de manera simultánea. Si prefiere no instalar el controlador en este momento, todavía podrá agregar las fotografías, aunque esta vez sólo de una en una.

El asistente le pedirá que indique la ubicación de la fotografía, un título y una descripción. También le permitirá cambiar el tamaño de la fotografía con tres opciones. Si su imagen es muy grande, se recomienda que utilice el tamaño estándar, pero si esta es muy pequeña debe seleccionar la opción no cambiar el tamaño, ya que si la ampliara, esta se vería con mala calidad.

Tras agregar la foto, su álbum ya tendrá la primera imagen. El resultado lo puede observar en la siguiente figura.Como ya hemos indicado en varias ocasiones a lo largo de la publicación deberá elegir que opción se adapta mejor a sus necesidades de comunicación, si el foro o un grupo.

En cualquier caso, antes de tomar una decisión, le recomendamos que siga leyendo para ver la tercera opción que le proponemos.

Como puede ver, los grupos pueden servir tanto para compartir un tema común como para mostrar sus imágenes a los miembros de la Red o a las personas que invite a participar. Una opción que ya toman algunas parejas, es crear un grupo con las fotos de su boda para que todos los asistentes puedan verlas aunque se encuentren lejos.

Distintos collares, mismo perro

No hay una definición unánime sobre lo que es un blog, un weblog o una bitácora, como también lo podrá encontrar. En principio, podríamos decir que se trata de una página en el que cada creador escribe lo que quiere. Hay usuarios que lo definen como un espacio personal que es público y en el que diariamente publican pensamientos, experiencias, etc. Una de sus características es que cada mensaje que se publica aparece con su fe-

cha, por lo que es más sencillo para los lectores seguir la evolución. Además, suelen ofrecer la opción de que los lectores incluyan comentarios a los mensajes, que se suelen llamar post.

Cómo crear un blog

Uno de los sitios más extendidos para crear estas aplicaciones es www.blogger.com, una compañía que pertenece al famoso buscador Google. El primer paso, como suele ser habitual, pasa por crear una cuenta. Para ello, en la página principal debe hacer clic sobre el enlace **Cree su blog ahora**. Aquí debe seleccionar, por este orden, un nombre de usuario, una contraseña, confirmar la contraseña, el nombre que usará para firmar los mensajes en el blog y la dirección de correo electrónico. Por último tendrá que aceptar la casilla de verificación en la que acepta los términos del servicio que podrá leer en el vínculo y que es un paso indispensable para poder seguir adelante con todo el proceso.

La siguiente pantalla será la que utilice para ponerle nombre al blog y dirección. Esta se compondrá del nombre que seleccione seguida de blogspot.com. Al igual que indicamos para las otras dos opciones estudiadas con anterioridas, recomendamos un nombre atractivo y sencillo, ya que los usuarios tendrán que teclear la dirección para acceder a él. Tenga en cuenta que el título del blog y la dirección de éste no tienen por qué coincidir obligatoriamente, aunque sí suele ser recomendable ya que de esta forma la identificación de ambos suele ser más sencilla.

El último paso será seleccionar una plantilla. Estas se muestran de forma gráfica por lo que no es un proceso que debiera ser complicado para ningún usuario. Una

recomendación que debe tener en cuenta es que el diseño del blog debería estar relacionado con su temática. Éste es uno de los principios básicos del diseño gráfico, la consonancia entre el fondo y la forma. Por ejemplo, un diseño basado en colores pastel con letras muy floridas, no deberá utilizarse para un blog que verse sobre la música Heavy Metal, ya que el mensaje no llegará de la misma forma que si se elige un diseño más acorde con el cotexto. En el caso de que ninguna de las plantillas resulte de su agrado, también dispone de la opción de crear la suya propia.

Al volver a hacer clic en **Continuar**, ya estará creado el blog.

El siguiente paso le permitirá publicar su primer mensaje. El editor le recordará a la página que utilizaba para redactar mensajes en su gestor de correo electrónico vía Web. La forma de traba-

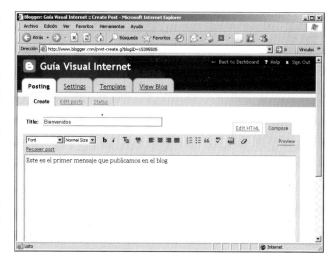

jar con él es prácticamente la misma, pudiendo elegir entre las diversas fuentes y tamaños de los que dispone así como de las opciones de texto enriquecido, entre las que destacan el uso de colores, de atributos, etc.

En la siguiente figura puede ver el aspecto final del sencillo proceso que le ha permitido crear su primer blog con un mensaje de bienvenida para todos aquellos usuarios que accedan por primera vez. A partir de aquí sólo queda ser constante y alimentar el blog con mensajes de forma más o menos continua para conseguir atraer a los diversos lectores que pueda tener.

El éxito de esta última opción ha hecho que sea la elegida por diversos grupos de la sociedad, desde informativos televisivos hasta autores literarios. Un ejemplo lo puede encontrar en el blog de Arcadi Espada (http://www.arcadi.espasa.com) que a modo de diario suele contar todo tipo de historias, ya estén basadas en la realidad o nazcan de su literatura.

Capítulo 8
Chat y mensajería instantánea

Comunicarse en red

Internet es una herramienta cuyo propósito fundamental es facilitar la comunicación. Como se ha visto hasta el momento, existen muchos servicios de comunicación como las páginas Web con contenidos de toda clase o el correo electrónico. La publicación de páginas Web es el equivalente electrónico de la publicación en papel. El correo electrónico, de forma todavía más clara, es el equivalente electrónico del correo postal. Entonces, ¿existe un equivalente en Internet de las llamadas telefónicas? Como no podía ser de otra forma, la respuesta es sí. A lo largo del capítulo se verán los sistemas más populares y útiles de conexión en tiempo real como IRC o la mensajería instantánea de Yahoo! o MSN Messenger. De hecho, se puede hablar realmente por teléfono a través de Internet, será la revolución de la voz sobre IP que pese a estar anunciada, todavía no ha llegado con claridad.

mIRC

El chat es un de los servicios más extendidos de Internet. El nombre técnico del sistema original de chats por Internet es *Internet Relay Chat*.
Este protocolo permite que varios usuarios utilicen el software de cliente IRC para conectarse a un servidor IRC y hablar entre ellos. Este software facilita la creación de espacios separados, llamados canales, dedicados a temas concretos.
Es como si todos los usuarios interesados en un tema con-

creto se reuniesen en una habitación concreta, específica para ellos. De esta forma los usuarios de un canal saben que allí sólo está la gente interesada en la temática de ese canal.

Los primeros clientes de IRC eran unos programas muy limitados, que básicamente permitían escribir comandos de IRC y conversar con otros usuarios. Las versiones actuales más elaboradas como el programa mIRC 6.16 ofrecen características muy avanzadas. Tanto es así que los usuarios que se introduzcan en el mundo de los chats harán bien en centrarse en los 4 o 5 comandos básicos y dejar de lado todas las opciones adicionales. Así como la navegación por páginas Web es un proceso bastante intuitivo, las primeras sesiones de chat pueden ser un poco frustrantes. El protocolo IRC se creó hace mucho tiempo y deja ver su "edad" en la forma de trabajar con él, como se verá más adelante. En esta época de interfaces de usuario gráficos con botones para todo y poco texto, el uso de un cliente IRC sigue implicando una buena cantidad de comandos escritos, a la vieja usanza.

 No se preocupe, más adelante veremos otras opciones de Chat a través de la red que ofrecen una interfaz más amigable.

Instalación

A continuación se muestran los pasos necesarios para descargar el programa mIRC e instalarlo en su equipo.

1. Escriba **www.mirc.com** en el campo Dirección del navegador y pulse la tecla **Intro**. Se abrirá la página Web del programa mIRC.

2. Haga clic en el enlace Download mIRC de la columna de la parte izquierda de la pantalla.

3. Desplácese hacia la parte inferior de la página hasta localizar el enlace llamado mIRC 6.16 y haga clic sobre algunas de las conexiones que se encuentren en Europa, ya que serán más rápidas que las de otros lugares.

4. Haga clic sobre el botón **Guardar** y seleccione la carpeta del disco en la que desea almacenarlo. Por último, haga clic nuevamente sobre el botón **Guardar** para comenzar la descarga.

5. Cuando finalice la descarga del archivo, localícelo en su disco y haga doble clic sobre él.

6. Haga clic en los botones **Ejecutar**, **Next** (Siguiente) y en **Yes** (Sí).

7. Seleccione la carpeta en la que se instalará el programa en el cuadro Destination folder y haga clic en el botón **Install** (Instalar).

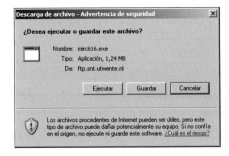

9. Haga clic en el botón **Finish** (Finalizar). Ya tendrá instalado el programa.

Conectar

A continuación se muestran los pasos necesarios para iniciar el cliente IRC y conectar con un servidor para conversar con otros usuarios.

1. Vaya al menú Inicio>Programas>mIRC>mIRC. Cierre la ventana de información que aparecerá.

2. Aparecerá la ventana mIRC Options desde la que podrá seleccionar las opciones de conexión de esta sesión de IRC. Seleccione un valor, por ejemplo, IRC-Hispano en la lista desplegable IRC Network dentro de Servers.

3. Rellene el campo Full Name con su nombre. Escriba su dirección de correo electrónico en el campo Email Address y, por último, escriba el apodo que le gustaría usar en el campo Nickname. Cuando termine, pulse el botón **OK**.

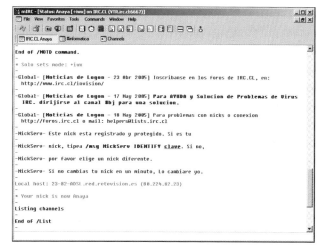

4. Para conectarse al servidor seleccionado, haga clic en el botón **Connect** (Conectar). Tras unos segundos, el programa le notificará si ha podido conectarse o si se ha producido algún problema. Seguramente le muestre también una lista con canales predefinidos. Puede cerrarla tranquilamente ya que sólo contiene canales en inglés (salvo que le interesen).

Pantalla principal

Ya está listo para dar sus primeros pasos en el apasionante mundo del IRC. Aunque antes debe conocer los distintos elementos del programa. La parte superior de la ventana contiene los menús del programa, desde los que podrá acceder a todas sus opciones y con los que podrá ejecutar los comandos más comunes de IRC sin tener que escribirlos. Justo bajo la barra de menús se encuentra la barra de botones, que contiene botones con los que podrá desconectarse (**Disconnect**), configurar el programa (**Options**), ver la lista de canales disponibles (**List Channels**) o transferir archivos a otros usuarios (**DCC**), entre otras muchas.

Debajo de la barra de botones se mostrará un icono por cada ventana de chat que esté abierta. Sólo tiene que hacer clic sobre el icono para ocultar o mostrar su ventana correspondiente. Las ventanas de la zona central muestran el transcurso de la sesión de IRC.

Justo bajo las ventanas centrales se encuentra un campo con un cursor preparado, el campo de entrada. Allí es donde puede escribir las frases que quiera enviar al chat o los comandos de IRC, si es que prefiere hacerlo de esta manera. En general, será mejor que comience por usar los comandos de los menús. Cuando comprenda cómo funciona todo, quizás sea el momento de aprender los comandos de texto para ir más rápido, pero no antes.

Canales

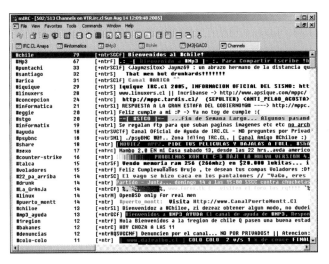

Como se ha visto anteriormente, dentro de cada servidor IRC se producen conversaciones en varios canales a la vez. Cada uno tiene un nombre y una lista de ocupantes en cada momento, que son los que tienen abierta una ventana en su cliente de IRC para leer lo que escriben los demás y para escribir ellos mismos. Para ver la lista de canales de un servidor, escriba /**LIST** en el campo de entrada. Se abrirá una ventana con la lista de canales.

A la derecha del nombre de cada uno aparecerá un número que indica la cantidad de usuarios que están presentes en ese momento. Seleccione uno de ellos y haga doble clic sobre él. También puede hacer clic con el botón derecho sobre él y, en el menú contextual que aparece, seleccionar Join Channel (Unirse al canal). Otro camino consiste en escribir el comando /**JOIN #channel** en el campo de entrada y pulsar **Intro**. Realmente los tres caminos son el mismo. Cuando selecciona la opción Join Channels en la ventana de canales o hace doble clic, mIRC envía la orden /**JOIN #channel** de la misma forma que si la hubiera escrito. Como verá, casi todos los botones y menús de mIRC sirven para ocultar la complejidad del sistema de comandos de IRC. En muchas ocasiones mIRC "viste" de forma gráfica una orden escrita. Adaptarse a este sistema es sólo cuestión de tiempo, pero en cuanto lo consiga, estará encantado con los resultados.

¡A chatear!

Una vez dentro de un canal, verá una ventana dividida en tres partes. La zona de la izquierda, que ocupa la mayor parte de la ventana, sirve para mostrar los mensajes de estado y lo que escriban todos los usuarios. Cada vez que alguien escriba una frase y pulse la tecla **Intro**, ésta aparecerá en la ventana central precedida de su apodo (Nick en inglés), para saber quién está "hablando". La zona de la derecha muestra la lista de usuarios conectados a ese canal. Esa lista se actualiza constantemente. Por último, el campo de entrada de la parte inferior sirve para que escriba lo que quiera comunicarle al resto de los usuarios del canal así como para escribir comandos, si lo cree necesario.

Algunos canales tienen muchos usuarios. Si las líneas aparecen tan rápido que no tiene tiempo de leerlas, emplee la barra de desplazamiento de la ventana principal para ir hasta los contenidos que le interesen.

Seguramente se sienta muy perdido al principio. Todo el mundo parece saber cómo funciona el IRC. Entran y salen de los canales a gran velocidad y escriben muy rápido. No se preocupe, con el tiempo comprobará que no le parece tan rápido. Esa impresión cambiará a medida que se acostumbre a manejar el programa mIRC. Además, tenga en cuenta que mIRC dispone de funciones de secuencias de comando, esto es, que se puede programar para que una sencilla acción por su parte, como pulsar un botón,

active una extensa serie de comandos. Asimismo, también se pueden activar temporizadores para que el programa realice acciones automáticamente, sin intervención por su parte. Muchas de las cosas que ve no las teclea una persona a esa velocidad, sino que son comandos automatizados. Esto permite, por ejemplo, que una única persona esté conectada a muchos canales y que el programa le avise en cuanto un conocido suyo, con un apodo concreto, se conecte a alguno de ellos. Piense en estas personas como en una especie de usuarios de alta velocidad. Aunque coinciden en un mismo canal no van al mismo ritmo. Cada uno se dedicará a ignorar elegantemente al otro y a centrarse en lo suyo, que en su caso es entablar conversaciones con otros usuarios.

Otras opciones

También puede conectarse a varios canales al mismo tiempo. Para conseguirlo, vaya a la ventana que contiene la lista de canales y haga doble clic sobre otro canal. Se abrirá una ventana nueva con la actividad de este nuevo canal. En cualquier momento puede pasar de una ventana a otra con los botones de la parte superior. Recuerde que aparecerá un botón por cada ventana abierta. Si lo prefiere, puede seleccionar Window>Cascade para mostrar todas las ventanas abiertas en cascada. o Tile para que aparezcan en mosaico. Así le será más fácil elegir la que quiere en cada momento, aunque verá más limitado el espacio del que dispone en la pantalla.

Nuestra recomendación es que al principio no se deje llevar por el impulso de participar en múltiples conversaciones, sino que intente centrarse en una de ellas y entablar, si lo desea, conversaciones privadas con otros usuarios. De esta forma podrá tener varias ventanas abiertas sabiendo que en las conversaciones privadas el ritmo será menor que en las múltiples, lo que le permitirá ir siguiendo con cierta fluidez el hilo argumental.

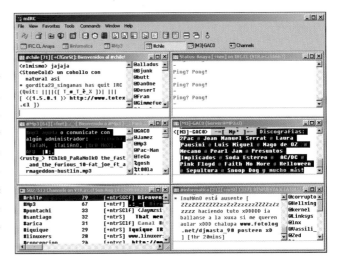

 Una buena idea para sus primeros pasos por el mundo del chat es que participe en los foros para principiantes. Allí podrá conversar con personas que tendrán un manejo de la red similar al suyo. En el caso de que tenga problemas con salas más avanzadas, siempre puede solicitar la ayuda de uno de los administradores.

Otro consejo que podemos ofrecerle para sus primeras incursiones es que trate de observar los primeros minutos antes de participar. Algunos salones tienen unas normas muy estrictas en cuanto a vocabulario o temática. Por ejemplo, es norma común no escribir en mayúsculas, ya que se considera que lo que está haciendo es gritar. Tampoco es recomendable al principio iniciar conversaciones privadas con otros usuarios sin pedir permiso. Los más elegantes simplemente le ignorarán, pero otras personas puede llegar a vetarle la entrada temporalmente en ese salón si tienen privilegios de administración.

Servicios de chat

Además de los chats por IRC, existen muchos otros sistemas para chatear. Al comienzo del auge de Internet, casi todos los servicios se usaban por igual. Aunque, al poco tiempo de popularizarse los navegadores Web, el contenido en HTML eclipsó a todos los demás. En ese momento hubo muchas personas que se dedicaron a adaptar los servicios "de siempre" al nuevo formato. Dado que en Internet todo el mundo disponía de un navegador y sabía usarlo, ¿para qué obligarle a descargar y aprender un nuevo programa? Esta idea tan sencilla se plasmó en numerosos servicios de chat a los que se puede acceder a través de un navegador Web. Obviamente tienen sus limitaciones, y los usuarios más avanzados echarán muchas características de menos, pero para la mayoría de la gente son más que suficientes.

La mayoría de los grandes portales disponen de sus propios sistemas de chat. Curiosamente, en los chats a través de la Web sí se suele hablar de salas o habitaciones en lugar de canales como en IRC. Muchos de los chats en la Web necesitan que tenga instalado Java en su ordenador. Si no lo tiene, lo más probable es que la propia Web le ofrezca la posibilidad de instalarlo, ya sea mediante la visita a una página exterior o permitiendo la ejecución de un control ActiveX que lo hará automáticamente.

Los chats en la Web tienen un aspecto muy parecido al mostrado por el programa mIRC. Cada sistema de chat en la Web es propio de esa Web y, aunque todos se parecen, con el tiempo descubrirá pequeñas diferencias. Es muy posible que uno disponga de unas características de las que carezca otro. Afortunadamente suelen ser muy sencillos de usar para facilitar la labor de los usuarios primerizos. Todo lo que en los chats IRC puede parecer intimidatorio aquí es exactamente al revés.

Ya.com

El portal Ya.com dispone de una opción de chat a través de Web. Allí podrá conversar en castellano con miles de usuarios distintos sobre cualquier tema que le interese. Este servicio precisa que tenga instalado Java en su equipo. Si no dispone de él, la instalación se realizará a través de ActiveX, por lo que deberá permitir que se ejecute esta opción en el caso de que tenga instalado el Service Pack 2 de Windows XP. Para ello simplemente deberá hacer clic sobre la parte superior que le muestra los elementos bloqueados. Posteriormente, deberá aceptar la ejecución del componente para terminar con la instalación.

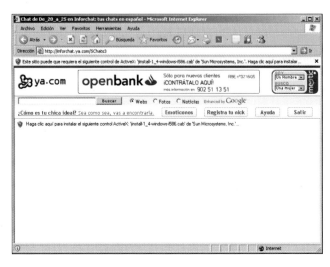

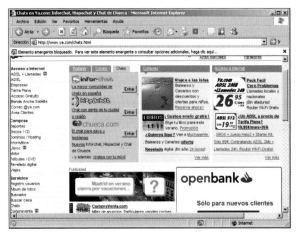

Para acceder a él sólo tiene que visitar el portal www.ya.com y seleccionar la opción Chat en la columna de servicios de la parte superior. También puede ir directamente a la dirección chat.ya.com. La página Web que le mostrará su navegador dispone de varios chats distintos: Canales de Inforchat, Hispachat, El chat de Chueca.com o Chat por SMS. Como es la primera vez que se conecta, lo mejor es entrar en canales de temática generalista, como los que encontrará en **Hispachat** o en **Inforchat**.

Seleccione, por ejemplo, éste último y verá aparecer su página principal.

Haciendo una búsqueda en cualquiera de los buscadores que hemos analizado con anterioridad, podrá encontrar otras opciones para chatear, especialmente si busca canales en otros idiomas o de una temática muy especializada. Además, muchas bitácoras ya incorporan herramientas para que los usuarios que se encuentren conectados en ese momento puedan conversar entre ellos.

Página principal de Inforchat

Como viene siendo habitual en las páginas de inicio de toda clase de servicios Web, cada zona está dedicada a una función. En la parte izquierda de la página inicial de Inforchat dispone varios botones con las diversas funciones. Podrá poner en marcha un chat SMS (Chat SMS), incluir de forma gratuita el chat de Inforchat en su Web (Gratis), reservar el nick (Registra tu Nick) u obtener ayuda (Ayuda Chat). Un nick es el nombre que empleará en la sesión de chat. Al registrarlo, nadie más podrá usarlo. Esta opción es interesante si piensa acceder a menudo a este chat, ya que su nick es lo único que le identificará ante los demás. Si opta por no registrarlo, al intentar conectarse un día, puede encontrarse con que otro usuario ya lo está empleando y tendrá que usar otro distinto para esa sesión.

Reservar un nick es muy sencillo, pero tiene un coste económico. Es una pequeña cantidad (entre 0,9 y 3,5 euros, según la duración), pero no es gratuito. El proceso es sencillo, sólo tendrá que escribir el alias deseado y, si está libre, rellenar un sencillo cuestionario. Al final del proceso el sistema le pedirá que seleccione la duración de la reserva del nick (3 meses o 1 año). Lo recomendable es probar el chat y, si ve que le gusta, decidir si quiere mantener una "identidad electrónica" perdurable. El panel de la parte izquierda muestra información general sobre Inforchat. El número de usuarios conectados (Usuarios On Line) o la cantidad de canales en funcionamiento (Canales activos). Otro enlace interesante es Ayuda, que le mostrará algunos de los términos más empleados en los chats. Aparte del mencionado nick, es importante conocer estos dos: Banear y Privado. Banear a un usuario es prohibirle el acceso a un canal. Pasar a privado es abrir un canal privado de comunicación con otro usuario, esto es, un chat sólo para dos. Con esta mínima introducción, ya está listo para zambullirse en su primera sesión.

Todo lo que hemos indicado anteriormente sobre las normas de comportamiento y los primeros comportamientos sigue siendo de aplicación en este tipo de chats.

Iniciar una sesión

Haga clic en el enlace Zona Inforchat de la parte central de la pantalla para pasar a seleccionar un canal en el que conversar. Seleccione un área temática (Ocio y diversión, Aficiones y deportes, De Ligue, etc.) o uno de los canales englobados dentro de esa temática. Puede seleccionar el que más le guste, aunque es posible que alguno de ellos no esté activo, es decir, que no tenga usuarios en ese momento que estén conectados.

Cuando elija un canal, Inforchat le pedirá que especifique un nick y una contraseña para identificarle. Después, la pantalla cambiará de aspecto y le mostrará varios paneles. El principal ocupa la parte central de la ventana y mostrará lo que escriban todos los usuarios. En su parte superior verá información relativa al nick empleado y al canal en el que se encuentra. Bajo el panel central encontrará el campo Chat, donde debe escribir los textos que quiera compartir con el resto de usuarios del chat.

En la parte superior verá muchos enlaces que se han comentado ya (Emoticonos, Registra tu nick, Ayuda, Salir). El cuadro Usuarios muestra una lista con todos los usuarios activos en el canal en ese momento. Si hace doble clic sobre uno de ellos, ¡justo, lo ha adivinado!, podrá establecer una conversación privada con ese usuario.

Es posible que algún usuario diga cosas que le molesten o que, sencillamente no le interesen. En ese caso puede hacer que el chat no le muestre sus contribuciones. Obviamente no le echará del canal, pero no verá lo que hace, que es casi lo mismo. Para obviar a un usuario, seleccione su nombre y haga clic en el botón **Ignorar**. Su nombre aparecerá precedido de una cruz y, a partir de ese momento, no verá lo que escriba.

La barra de **Opciones** sirve para definir ciertos ajustes de funcionamiento del chat como el uso de imágenes, de sonido o si desea que le muestre información adicional. Esta última opción le mostrará un mensaje cada vez que alguien entre o salga del canal, de forma similar a lo que sucede en los chats IRC.

Otra barra que deberá tener en cuenta es la inferior, que le permitirá cambiar el color o el tipo de letra, los atributos de ésta así como introducir de una forma rápida y sencilla mediante un simple clic los emoticonos predefinidos. También podrá cambiar de canal con mucha facilidad haciendo clic junto al panel de usuarios.

Conexión continuada

Los chats son muy interesantes pero, ¿y si lo que desea es conectar a menudo con las mismas personas? Es precisamente un hueco como éste el que han aprovechado los fabricantes de software para crear otra clase de productos que comparten muchas características con los chats: los programas de mensajería instantánea.

Estos programas fundamentalmente se emplean para conectar con otros usuarios ya conocidos y para charlar con ellos, transferir archivos, realizar sesiones de videoconferencia o utilizar aplicaciones de forma compartida. Existen varios sistemas como AOL Instant Messenger, Yahoo! Messenger, ICQ o MSN Messenger, pero el más extendido es, una vez más, el creado por Microsoft: MSN Messenger.

Instalación

Estos son los pasos necesarios para descargar, instalar y configurar MSN Messenger en su equipo.

1. Conéctese a Internet e inicie su explorador favorito de páginas Web, como puede ser Internet Explorer.

2. Escriba **messenger.msn.es** en el campo Dirección del navegador y pulse la tecla **Intro**. Se abrirá la página Web de MSN Messenger.

3. Haga clic en el enlace llamado **Descargar**. Desde allí pasará a la página de descarga.

4. Su navegador probablemente le advierta de los peligros que puede suponer la descarga de un fichero si no está seguro de su procedencia. Como está accediendo al fichero desde la Web oficial del programa, no hay problemas. El programa que se descargará es un instalador para Windows, por lo que, en esta ocasión, haga clic sobre el botón **Instalar** para facilitar el proceso posterior.

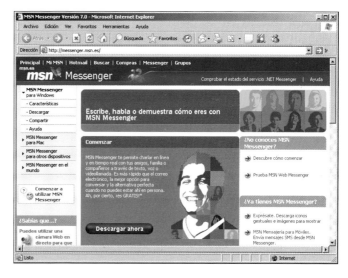

5. Cuando termine la descarga, el instalador le mostrará una ventana de bienvenida. Haga clic en el botón **Siguiente**. A continuación podrá consultar los términos de la licencia. Léala detenidamente y, si está de acuerdo con lo que se expresa allí, active el botón de opción Acepto los términos del contrato de licencia y haga clic en el botón **Siguiente**. También le ofrecerá la posibilidad de instalar otros programas de la misma casa.

6. El programa de instalación copiará los archivos necesarios a su disco y creará un acceso directo en el menú Inicio. Cuando termine, haga clic en el botón **Finalizar**.

El resto de los programas que podrá instalar con MSN Messenger son aplicaciones que le pueden ser de utilidad para mejorar su navegación, como la barra de MSN para hacer búsquedas más rápidas, como ya comentamos en su momento.

Inicio de sesión

Ya tiene instalada la última versión de MSN Messenger en su equipo. Ahora le vamos a explicar cómo configurarlo para ponerlo en marcha y poder conversar con otros usuarios.

1. Vaya al menú Inicio>Programas>MSN Messenger 7.0. En ese momento aparecerá una ventana en pantalla y, al mismo tiempo, el programa situará un pequeño icono en la bandeja del sistema de Windows. La bandeja del sistema es la pequeña barra de información que ocupa la esquina inferior derecha de la pantalla en Windows.

2. Si dispone de una cuenta de correo electrónico de Hotmail o de un .NET Passport y los ha empleado desde este equipo, MSN Messenger intentará conectarse con esos datos de identificación al servicio de mensajería. En otro caso, haga clic sobre el enlace Para iniciar una sesión con una cuenta diferente, haga clic aquí.

3. Messenger le mostrará una ventana en la que debe escribir su dirección de correo Hotmail y su clave. La casilla Iniciar sesión automáticamente sirve para que MSN Messenger recuerde esta información y la emplee la próxima vez que lo ejecute. Haga clic en **Aceptar**.

4. Tras unos instantes, si todos los datos son correctos, Messenger le conectará al sistema de mensajería. ¡Ya está conectado!

Lo primero que debe hacer es configurar los aspectos básicos del funcionamiento de MSN Messenger. Para hacerlo, vaya al menú Herramientas>Opciones. Se abrirá una ventana en pantalla con varias opciones en la parte izquierda. Las dos más interesantes en este primer momento son Personal y General. Dentro de la pestaña Personal, podrá elegir el nombre con el que le verán el resto de los usuarios así como la información de su perfil personal. También podrá definir el tiempo que debe pasar sin actividad antes de que Messenger cambie su estado en el sistema a **Ausente**.

En la opción General, los campos más interesantes son los agrupados en los bloques Iniciar sesión y Avisos. En el primero, seleccione la casilla Ejecutar Messenger al iniciar Windows si desea que el programa se inicie automáticamente. En la opción Alertas y sonidos podrá elegir qué avisos quiere recibir y de qué manera. Cuando termine, haga clic en **Aceptar**.

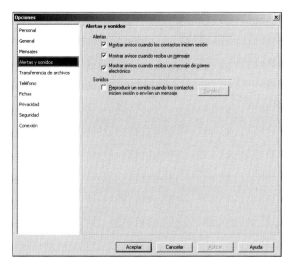

La opción Mensajes será la que deba utilizar para definir cuál será la configuración general de los mensajes, es decir, qué iconos y opciones le permite mostrar. También podrá configurar otras opciones como la que le permite guardar automáticamente una copia del contenido de todas las conversaciones que tenga.

En el caso de que desee enviar mensajes a un teléfono móvil o quiera que se le puedan enviar a usted, deberá acceder a los contenidos incluidos en la opción Teléfono.

Otra opción que deberá visitar es Seguridad, ya que es la relativo a ciertos aspectos que deberá tener en cuenta. Allí podrá definir cuándo se le pregunta por su contraseña al acceder a las páginas que utilicen el sistema Passport.

También tendrá la oportunidad de configurar otros aspectos que serán de especial relevancia en el caso de que utilice un equipo compartido, ya que afectará a los datos y archivos que se almacenan en el equipo que esté utilizando.

La ventana de Messenger

El programa MSN Messenger tiene un aspecto muy discreto, una vez puesto en marcha en su equipo. Si no se ha conectado, seguramente sólo aparezca en el área de notificación. Una vez autentificado, lo normal es que ocupe una pequeña parte de la pantalla con su ventana de control. Esta ventana está formada por los siguientes elementos. En la parte superior dispone de una barra de menús, desde los que podrá acceder a todas las funciones del programa. Bajo ella se encuentra un elemento gráfico que muestra el identificador empleado para conectar con la red de Messenger así como el estado que le está mostrando al resto de usuarios, así como un espacio que le permitirá configurar un mensaje personal o mostrar a otros usuarios la música que se encuentra escuchando en un momento determinado. Un poco más abajo verá la zona en la que Messenger le informa del estado de su cuenta. En primer lugar le mostrará si tiene mensajes pendientes en la cuenta de Hotmail asociada a su identificador. Un simple clic sobre el texto mostrado abrirá una ventana del navegador que

se conectará con su cuenta de Hotmail para acceder a los contenidos de su buzón de correo electrónico.

Seguidamente, se visualizarán todos los contactos que tenga dados de alta. En la parte superior, bajo el encabezado Conectados, podrá ver a todos aquellos usuarios que están conectados en ese mismo momento. Bajo el título No conectados, verá a los usuarios que no están conectados. En los dos casos, a la derecha del encabezado verá un paréntesis con el número de usuarios que contiene esa categoría. En el siguiente apartado se explicará cómo dar de alta a sus amigos y conocidos para poder comunicarse con ellos mediante las herramientas de MSN Messenger.

Bajo la zona blanca con información de los usuarios se encuentra un panel de tareas con el título Agregar un contacto. Desde aquí podrá acceder rápidamente a esa tarea. En los siguientes apartados de este capítulo se tratarán algunas de estas opciones en detalle. Justo debajo se encontrará con una opción que le permitirá realizar búsquedas en la Red utilizando el buscador de MSN.

Funcionamiento de Messenger

Messenger acorta las distancias en Internet. En cierta medida, hace que Internet se comporte como una gran habitación en la que están todos sus usuarios. Así, cada vez que se conecte algún conocido suyo (asimilable a entrar o salir de esa gran habitación), podrá verlo y, a partir de ese momento, entablar una conversación con

él o compartir archivos o aplicaciones. Hasta la aparición de los programas de mensajería instantánea, era muy común que varias personas, conocidas entre sí, estuvieran conectadas al mismo tiempo, pero sin saberlo. El coste por minuto de la conexión a Internet es mucho más bajo que el coste de comunicación a través de teléfono fijo, teléfono móvil o de cualquier otro sistema. Esto hace que sea especialmente interesante la posibilidad de conectar con

otros usuarios cuando todos ellos estén online. Para poder hacerlo son necesarios dos elementos: un sistema de comunicación que avise a cada usuario del estado de conexión de su lista de contactos y un sistema que les permita conversar y compartir información.

 Además, otras cosas que podrá hacer con MSN Messenger será difrutar de una videoconferencia o una conversación por voz con el resto de los usuarios que estén conectados.

Una vez que se acostumbre a utilizar MSN Messenger diariamente, no se imaginará cómo era su vida antes de conocerlo.

Hará menos llamadas telefónicas, enviará menos mensajes SMS y enviará reducirá sus mensajes de correo electrónico. Messenger suplirá todos esos huecos con menos esfuerzo y coste, y en menos tiempo que antes. El único problema es que se pase demasiado tiempo al teclado y no le queden horas para hacer otras cosas. ¡Avisado queda!

Añadir contactos

Para dar de alta a una persona, siga estos pasos:

1. Haga clic en el botón **Agregar un contacto**. Se abrirá una ventana en la que podrá elegir el método de búsqueda del usuario.

2. Obviamente, la persona buscada tiene que ser usuario de MSN Messenger, por lo que el sistema le ofrece dos posibilidades de búsqueda: Por la dirección de correo electrónico o nombre de inicio de sesión o Desde mi libreta de direcciones. Seleccione la que le parezca más adecuada y haga clic en el botón **Siguiente>**. En este caso emplearemos la primera de ellas.

3. Escriba la dirección de correo de la persona buscada en y haga clic en **Siguiente**.

4. Messenger le mostrará una ventana informándole de que ha añadido el contacto a la lista. Haga clic en **Finalizar**.

Una de las opciones que puede personalizar de Messenger es la forma de tramitar las solicitudes de alta. Lo normal es definirlo para que el sistema le pida confirmación cada vez que alguien solicita incluirle en su lista de contactos. Por este motivo, es posible que algunos de los contactos que dé de alta no estén operativos nada más dar los pasos anteriores. En general tendrá que esperar a que esos usuarios se conecten, vean su solicitud y, normalmente, la acepten. A partir de este momento, en cuanto se conecte ya estarán presentes en su lista.

Enviar mensajes

Una vez definida la lista de contactos, el siguiente paso consiste en entablar una conversación con uno de sus contactos. Para conseguirlo, haga doble clic sobre su nombre o haga clic con el botón derecho del ratón y seleccione Enviar un mensaje instantáneo. Se abrirá una nueva ventana en la que podrá escribir el texto que desee. Lo que escriba será lo primero que vea su contacto, así que es recomendable comenzar con un saludo y una sencilla descripción de sus intenciones.

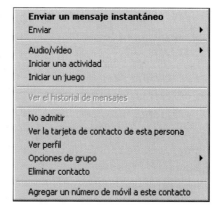

El funcionamiento de esta ventana es muy parecido al de cualquier otra ventana de un sistema de chat. Cada uno escribe sus aportaciones en línea de la parte inferior mientras que, en la parte superior, se irán mostrando los contenidos escritos por todas las partes. Las conversaciones en MSN Messenger no están limitadas a dos personas. Cualquiera de los dos integrantes originales puede invitar a cualquier persona de su lista de contactos o a una persona cuyos datos conozca, a la que localizará de la misma forma que al dar de alta un contacto.

Algo más que texto

Puede aderezar el contenido de su mensaje con los botones **Cambiar la fuente o el color del texto**, con el que cambiará la apariencia del texto, o con **Seleccionar un icono gestual**. La historia de los chats y mensajes de correo electrónico en Internet está unida a la de los populares *smileys* o *emoticones*. Hay que recordar que los primeros ordenadores que formaron la red Internet carecían de la posibilidad de mostrar o enviar gráficos, sólo podían trabajar con caracteres de texto. Por este motivo, sus usuarios se esforzaron en sacar el máximo partido posible a los

caracteres estándares para añadir a los mensajes de texto parte de la intención y el significado que aporta la información gestual cuando una persona habla con otra. Una frase tan sencilla como "**¿Qué pasó el otro día?**" puede interpretarse de forma positiva o negativa. Es más, muchas veces depende del estado de ánimo del receptor. Por eso se añadían construcciones como **:-)** que aclaraban el tono alegre del texto. Para entender este símbolo, obsérvelo con la cabeza girada hacia la izquierda. Es una caricatura de un rostro sonriente. El botón **Seleccionar un icono gestual** le permitirá emplear este tipo de información de forma más gráfica y elaborada para dejar siempre claro el tono con el que deben interpretarse sus mensajes y evitar de esa forma posibles problemas por equivocar un sentido.

Archivos e imágenes

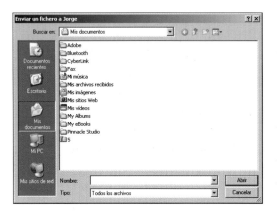

La comunicación con Messenger no se limita a compartir frases de texto. También puede enviar archivos de toda clase. Para ello, debe hacer clic en el enlace Enviar archivos. Se abrirá una ventana con los contenidos de su equipo. Desplácese hasta la carpeta en la que se encuentra el archivo buscado. Selecciónelo y pulse el botón **Aceptar**. El destinatario del archivo debe aceptar la recepción con un clic en el enlace Aceptar. En cuanto lo haga, Messenger le mostrará una advertencia sobre los peligros que puede representar un archivo de origen desconocido y los métodos para minimizar este peligro. Después de leerlo, si pulsa nuevamente en **Aceptar**, comenzará la descarga. Cuando termine, ambos usuarios recibirán un mensaje de confirmación en sus respectivas ventanas. El mensaje mostrado al receptor del archivo le indicará, además, en qué carpeta de su disco se ha almacenado el fichero así como el nombre que tiene éste.

 No debe dejar pasar la opción de la que acabamos de hablar en balde. En muchas ocasiones es mucho más rápido enviar un archivo a través de un programa de este tipo que utilizar para ello el correo electrónico. Además, si se envía dentro de una conversación, puede ayudar a su seguimiento o comprensión si está relacionado.

Además de todo lo que hemos visto hasta el moemento, esta última versión de MSN Messenger también le muestra una vista previa de la imagen que desea enviar. Esto es de utilidad para poder aceptar o rechazarla en el caso de que ya la tenga. Tampoco le permitirá enviar ciertos archivos que se consideren como potencialmente peligrosos para su equipo, lo cual es muy interesante desde el punto de vista de la seguridad.

Audio y vídeo

Las otras posibilidades adicionales de Messenger no se quedan en la simple transferencia de archivos, también permite entablar verdaderas conversaciones de voz e incluso de voz y vídeo. Si dispone de una Webcam, o cámara especial para videoconferencias, puede hacer clic en el enlace Iniciar la cámara para ponerla en marcha. No es necesario que ambos usuarios dispongan de Webcam o de tarjeta de sonido y micrófono. Si lo tienen, mejor que mejor, pero no es imprescindible.

Una vez el receptor acepte la invitación, se pondrá en marcha la transmisión de vídeo y sonido en tiempo real. Tenga en cuenta que la cantidad de información recogida por la Webcam y por la tarjeta de sonido será habitualmente muy superior a la capacidad de la conexión que tengan los dos extremos con Internet. Por esta

causa, el vídeo no se verá tan fluido como sería deseable y pueden producirse cortes en el sonido. Messenger hará todo lo posible por optimizar el ancho de banda disponible, pero no puede hacer milagros. Si la línea no admite toda la información generada, tendrá que descartar parte de ella.

Al mismo tiempo que mantiene una sesión de video-conferencia o de conferencia de voz, puede seguir escribiendo del modo habitual. Una de las características más interesantes de MSN Messenger es que permite emplear varios tipos de comunicación (texto, gráficos, vídeo, sonido, etc.) y además varios de ellos al mismo tiempo.

No deje de probar esta herramienta, es tan espectacular como útil. Una de las revoluciones que ha supuesto esta herramienta es la posibilidad de acercar de una forma sencilla la videollamada a los usuarios de la Red. Como ya hemos comentado, la calidad dependerá del ancho de banda que tengan ambos usuarios, aunque gracias a las líneas ADSL de alta velocidad, ya se puede mantener una conversación que podríamos considerar como fluida.

Esta opción se está conformando como una alternativa real a las operadoras telefónicas, ya que permite realizar llamadas ya sea sólo de voz o añadiendo vídeo a precio de conexión a Internet. Esto ya ha supuesto que las compañías bajen sus precios, ofreciendo incluso tarifas planas de llamadas locales y nacionales junto a la conexión a la Red, algo impensable en otra época.

Capítulo 9
Transferencia
de archivos: FTP

Compartir archivos

Internet es una red de comunicaciones, y eso es precisamente lo que hace: transmitir información entre dos equipos conectados a la red. La forma más básica de transferencia de información es enviar un archivo de un ordenador a otro, "copiarlo" a través de Internet. Si se piensa un poco, tal y como se ha visto, ésa es la función que realizan los programas de correo, que copian archivos de texto de un buzón a otro, también es lo que hacen los servidores Web, que proporcionan los archivos de las páginas a los navegadores, etc. Pero, ¿qué hacer si se desea copiar archivos de un ordenador a otro sin más? Esta necesidad ya se les planteó a los pioneros que pusieron en marcha Internet, que crearon los servicios adecuados para transferir información mediante distintos protocolos. Un protocolo no es más que un conjunto de normas que sirven para que dos ordenadores, con sistemas operativos distintos, con programas creados por distintas personas, dispongan de un lenguaje común para comunicarse.

¿Qué es el FTP?

El protocolo más empleado para transferir ficheros es FTP, *File Transfer Protocol*, o Protocolo de transferencia de ficheros. Como la mayor parte de los servicios de Internet, necesita que un ordenador tenga instalado y configurado el software de servidor FTP y que el otro extremo tenga instalado y configurado el software de cliente de FTP. Con estos dos elementos, la conexión es inmediata. El cliente sólo debe indicar la dirección del servidor

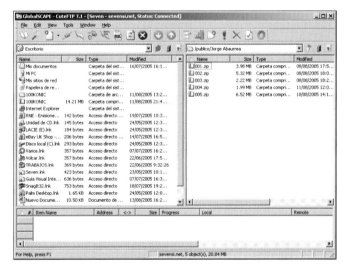

al que quiere conectarse, así como un nombre de usuario y una contraseña válidos. El servidor recibe su petición y le permite aceder a los archivos adecuados, que el cliente podrá descargar a su ordenador. Si el usuario dispone de los permisos adecuados, también podrá subir archivos al servidor para que accedan a ellos otras personas. En las siguientes páginas se utilizará el programa CuteFTP, posiblemente el cliente FTP más conocido, para mostrar el funcionamiento de este tipo de programas.

¿Qué es el P2P?

Recientemente se ha disparado el interés por los archivos de música en formato MP3 y por las películas en formato DivX, entre otros tipos de contenidos. Esto ha hecho que más y más usuarios estén interesados en compartir estos archivos. El problema está en que la mayoría de esos archivos contienen información con derechos de autor. Quien los aloje en su servidor seguramente tendrá problemas legales con los dueños de esos derechos de autor. Con este caldo de cultivo no es de extrañar que programadores de todo el mundo crearan distintos sistemas de intercambio de archivos que no guardan los ficheros en un servidor central. Este tipo de conexiones se conocen como *Peer to Peer* o P2P. En los sistemas P2P, cada usuario se conecta, de forma casi anónima, a un servidor central que le pone en contacto con el resto de usuarios.

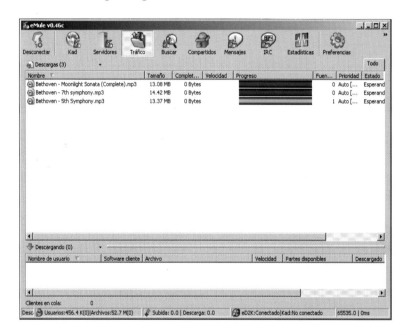

Para conseguirlo, cada usuario debe tener instalado un programa P2P como eDonkey, eMule o KaZaa. Estos programas permiten compartir parte de los contenidos del disco duro y también disponen de una carpeta en la que almacenan los archivos recibidos a través del sistema.

La posición de ANAYA MULTIMEDIA sobre la utilización de esta tecnología, no es otra que el absoluto respeto a la legalidad vigente y al derecho de la Propiedad Intelectual. Los contenidos desarrollados a lo largo del capítulo tienen un carácter divulgativo y, en ningún caso, pretenden incitar a su utilización para fines ilegales o faltos de ética.

9. Transferencia de archivos: FTP y Peer to Peer (P2P)

Aplicaciones FTP

Tal y como se ha visto antes, un cliente FTP es el programa que ejecutará el usuario en su equipo para acceder a los archivos de un servidor FTP de Internet. Uno de los clientes FTP más veteranos y populares es CuteFTP, cuya última versión en el momento de escribir estas páginas es la 7.1. Esta veteranía se refleja, como se verá más adelante, en la gran cantidad de opciones que tiene. Las opciones básicas son las que empleará más a menudo y muchas de las más avanzadas sólo le serán de utilidad si tiene necesidades muy específicas.

Instalación

A continuación se muestran los pasos necesarios para descargar el programa CuteFTP e instalarlo en su equipo.

1. Conéctese a Internet e inicie su explorador favorito de páginas Web, como puede ser Internet Explorer.

2. A continuación, escriba **www.cuteftp.com** en el campo Dirección del navegador qu esté utilizando y pulse la tecla **Intro**. Como resultado, se abrirá la página Web de la empresa Global-SCAPE, creadora del programa CuteFTP.

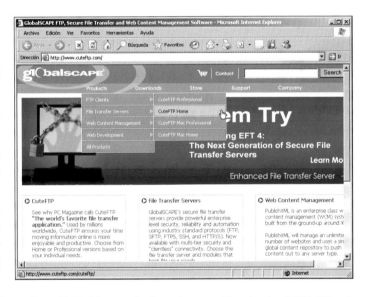

3. Ahora, haga clic en el enlace CuteFTP Home de la columna Products>FTP Clients de la parte superior de la pantalla.

4. En la parte derecha de la página localice el enlace Download y haga clic sobre él.

5. Puede introducir su correo electrónico para recibir noticias de la empresa. Tras esto, su navegador probablemente le advierta de los peligros que puede suponer la descarga de un fichero si no está seguro de su origen. Como no hay dudas en este caso, haga clic sobre el botón **Ejecutar** para comenzar la descarga.

6. Cuando finalice la descarga del archivo, se le volverá a preguntar si desea ejecutarlor. A partir de ahí, el asistente le ayudará en el resto del proceso.

Antes de empezar

Ya está instalado el programa en su equipo, ahora sólo tiene que configurarlo a su gusto y empezar a utilizarlo. Es aconsejable que cree una carpeta concreta de su disco duro para almacenar los archivos que se descargue de la Red. Así tendrá localizados todos estos ficheros y podrá analizarlos con detalle o copiarlos en un disquete o CD-ROM más adelante. Puede crear, por ejemplo, la carpeta C:\Descargas para contener los archivos que obtenga por FTP.

Es interesante analizar los archivos descargados para saber si contienen virus antes de instalar los programas en su ordenador. Tenga en cuenta que no siempre se descargará un programa del sitio FTP de su fabricante, en el que tiene toda la confianza. Lo normal es acceder a un gran servidor FTP, que contiene numerosos programas y archivos de los más variados orígenes, y descargar los que le interesen. Por este motivo es muy interesante analizar los programas descargados con un antivirus puesto al día. Así sabrá si alguno de los programas es una amenaza para su equipo. Los administradores de los principales servidores FTP de Internet son conscientes de este problema y analizan los archivos que alojan, pero no está de más que se asegure y lo compruebe por su cuenta. No se fíe de que otras personas hagan el trabajo en su lugar y tome las precauciones adecuadas.

 En cualquier momento volverá a tener la posibilidad de crear carpetas para sus descargas, ya sea desde el propio programa o desde el explorador de Windows.

La ventana principal

Ponga en marcha CuteFTP haciendo clic sobre Inicio>Programas> GlobalSCAPE>CuteFTP Home> CuteFTP 7 Home. Una pantalla de bienvenida le recordará que está usando una versión de prueba y le mostrará los días que le quedan. Haga clic en el botón **Continue** y, en la ventana que se mostrará, en **Close**.Verá la pantalla principal del programa en su monitor.

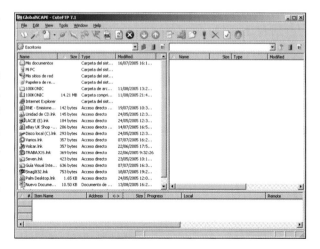

Como puede ver, está dividida en varias partes, que se describen a continuación:

- **Barra de menús:** Es la barra situada en la parte superior de la ventana, bajo la barra de título. Contiene todos los menús con los que podrá acceder a las diversas funciones de CuteFTP.

- **Barra de botones:** Se muestra justo bajo la barra de menús. Aquí se muestran los iconos correspondientes a las herramientas y acciones más comunes en CuteFTP para que le sea más fácil y rápido acceder a ellas.

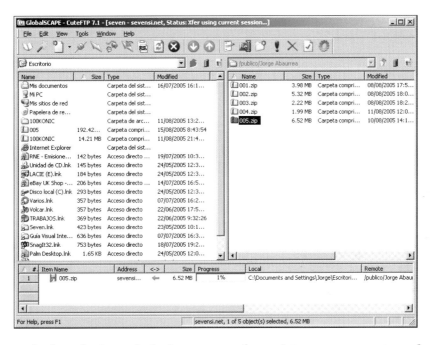

- **Directorio local:** Justo bajo la ventana de registro, se encuentran dos ventanas. La situada en la parte izquierda es el directorio local y muestra los contenidos de la carpeta indicada en la lista desplegable de su parte superior. Piense en ella como en una ventana del Explorador de Windows que muestre los contenidos de una carpeta de su disco duro.

- **Ventana de transferencias:** También conocida como cola de transferencias. Si arrastra una carpeta de cualquiera de las dos ventanas de directorio, ésta petición se anotará para llevarla a cabo más adelante con las carpetas mostradas en ese momento. Suponga que la ventana izquierda muestra el contenido de la carpeta `C:\Descargas` y la ventana derecha muestra el contenido de la carpeta `/pub`. Si arrastra el fichero index.txt de la ventana remota hacia la cola de descargas, se programará una descarga del fichero `/pub/index.txt` hasta la carpeta `C:\Descargas`.

En el momento en el que ponga en marcha la cola de transferencias, éstas se llevarán a cabo en el orden que muestren por pantalla.

- **Barra de información:** En la barra de la parte inferior de la ventana CuteFTP le mostrará información sobre la operación actualmente en marcha. Los datos mostrados son: Tiempo Transcurrido, Tiempo Restante, una barra de progreso con el estado de la transferencia así como una indicación numérica del porcentaje transferido, la cantidad de Kb transferidos, la velocidad expresada en Kb/s y el estado de la cola.

Permisos de usuario

Siempre que se conecte a un servidor FTP, éste le pedirá que se identifique con un nombre de usuario y una contraseña que lo identifiquen. Si está dado de alta en ese servidor, tendrá su propio nombre de usuario y clave, aunque lo normal es que no sea así y que acceda a un servidor con acceso anónimo. Este tipo de acceso se emplea cuando un servidor FTP debe permitir el acceso a ciertos ficheros a cualquier usuario. El nombre de usuario en este caso suele ser **anonymous** (anónimo) y la clave puede ser cualquier texto, aunque como cortesía se pide que se emplee la dirección de correo electrónico para saber quién es el usuario. Escriba lo que quiera pero tenga en cuenta que algunos servidores FTP comprueban la validez de la respuesta como dirección de correo. Si accede como usuario anónimo, dentro de la máquina tendrá los accesos asignados a la categoría de usuarios anónimos.

Los servidores FTP con acceso anónimo suelen ser los que utilizan las compañías de software para permitirle descargar las versiones de prueba de sus programas así como los drivers o las actualizaciones que pueda necesitar.

Para subir sus páginas Web, su ISP le facilitará unas claves que son las que necesitará para acceder a su sitio FTP. Más adelante veremos otras opciones de publicación desde el propio programa.

Permisos de archivo

El estándar FTP no se diseñó pensando en los equipos con Windows, sino en las máquinas en las que comenzó a funcionar. Estos ordenadores empleaban el sistema operativo Unix, especialmente preparado para trabajar en red. Tanto es así que, a día de hoy, gran parte de los servidores que permiten que Internet funcione siguen empleando variantes de Unix como sistema operativo.

En Unix todo es un fichero. Esta circunstancia permite que cualquier programa que trabaje con ficheros pueda trabajar con toda clase de datos, ya que el sistema operativo los "disfraza" como archivos y esconde sus peculiaridades. Por este motivo el sistema de archivos de Unix es más potente y capaz que el sistema de archivos empleado en un equipo corriente con Windows. Como el protocolo FTP se diseñó para máquinas Unix, proporciona soporte a estas características especiales de los archivos en Unix. Simplificando mucho, un archivo en Unix puede ser una carpeta (directorio), un enlace (similar a un acceso directo) o un simple archivo. La columna Atributos le mostrará esta información en una línea formada por diez caracteres que representan los atributos del archivo situado en esa línea.

El primero indica el tipo de archivo: **l** si es un enlace, **d** si es un directorio o **-** si es un archivo. CuteFTP hace innecesario conocer estos datos ya que le presentará los directorios con un icono

de carpeta y los archivos como tales. Los enlaces se mostrarán directamente con el tipo del archivo al que apuntan. Lo interesante viene a continuación. Los caracteres del 2 al 10 forman tres grupos de tres caracteres cada uno correspondientes a los permisos del creador del archivo, de su grupo de usuarios y del resto de usuarios.

En cada caso se pueden indicar los permisos de lectura (**r**), escritura (**w**) o ejecución (**x**).

Casi todos los archivos que se encuentre tendrán activados varios permisos para su creador y grupo pero sólo el de lectura para el resto de usuarios. Efectivamente, lo ha adivinado, esta categoría engloba a los usuarios que acceden al servidor FTP. Siempre que los atributos de un archivo terminen en **r--** podrá acceder a él.

Las carpetas o directorios son muy peculiares. Para poder entrar en ellas debe disponer de permisos de lectura y de ejecución, por lo que necesita que sus atributos finales sean **r-x**. Si accede a un servidor de forma anónima, dentro de él tendrá la categoría de usuario anónimo, con los permisos asociados, que suelen ser muy limitados. En algunos casos, un servidor de FTP anónimo pone a disposición de sus usuarios una carpeta en la que pueden almacenar archivos.

Obviamente, para que esto sea posible los permisos adecuados deben estar correctamente asignados. Si accede a una carpeta de subida de archivos en un servidor FTP y no puede transferir a ella sus archivos, compruebe los atributos de la carpeta en la ventana Directorio remoto. Seguramente encuentre allí la causa. Si no puede subir archivos a un servidor FTP, revise los datos de conexión. Si el usuario y la clave son anónimos y no puede subir el archivo, con toda seguridad es un problema de configuración del administrador del servidor. No puede hacer nada desde su equipo salvo localizar una dirección de correo de ese administrador y notificarle el problema mediante un correo electrónico. Esta dirección suele aparecer en la ventana de registro nada más conectar con el servidor para poder contactar con el administrador en caso de problemas.

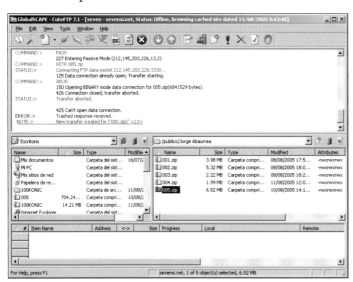

En caso de disponer de un nombre de usuario y de su clave correspondiente, si puede conectarse al servidor esto quiere decir que son correctos. La imposibilidad para subir archivos por regla general se deberá también a un problema de configuración. Verifique los permisos asignados por el administrador y, en caso necesario, hágale saber cuál es su problema por correo electrónico.

En una situación así, en la que le proporcionen un nombre de usuario y clave propios, lo común es que, al conectarse al servidor FTP, éste le sitúe en una carpeta personal, que suele tener el mismo nombre que el usuario. Esta carpeta suele aparecer como el directorio raíz de la conexión.

La mayoría de proveedores de acceso Internet, además de la conexión, le ofrecerán espacio para alojar su Web personal. Para subir los archivos de su Web, en muchas ocasiones le permitirán acceder al servidor mediante FTP.

Al principio puede que tenga problemas para relacionarse con los programas de FTP, al igual que pasaba con los de chat. Tenga en cuenta que este tipo de programas siguen utilizando los parámetros de las máquinas para las fueron concedidos, por lo que no debe perder la calma en los primeros momentos. Con un poco de práctica conseguirá dominarlos.

Conexión rápida a un servidor

Una vez claros los fundamentos en los que se basa el protocolo FTP, ya puede pasar a ver, en la práctica, cómo establecer una conexión. Haga clic en el icono **Quick Connect** y verá aparecer una pequeña barra justo bajo la barra de botones. Esta nueva barra tiene varios campos. El primero, Host:, sirve para indicar la dirección del servidor al que quiere acceder. Generalmente esta dirección será de la forma **ftp.NOMBRE.com**, donde **NOMBRE** será el nombre del dominio. Como ejemplo vamos a utilizar ftp.cdrom.com, un servidor FTP que almacena una ingente cantidad de archivos de dominio público. Dado que vamos a conectarnos como usuario anónimo, no escriba nada en los campos Username: y Password: puesto que CuteFTP los rellenará en su lugar. El último campo, Port: sirve para indicar el puerto que emplea este servidor. Para conectarse con este servidor sólo resta hacer clic en el icono **Connect** situado a la derecha del campo Port:.

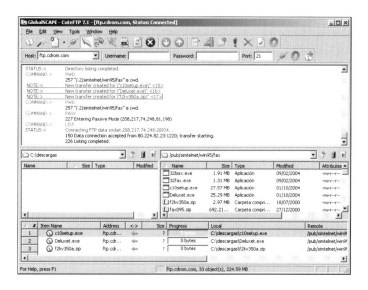

En la ventana Registro verá aparecer los distintos mensajes transmitidos durante la conexión con el servidor. Tras unos instantes, la ventana Directorio remoto pasará a mostrar los contenidos de una carpeta del servidor FTP. Sitúese en la carpeta C:\Descargas que creó anteriormente en la ventana Directorio local. Ahora navegue por las carpetas del directorio remoto hasta localizar la deseada. Para este ejemplo emplearemos /pub/simtelnet, una carpeta con miles de programas shareware y freeware. Una vez allí, seleccione la carpeta win95 y fax. En la ventana Directorio remoto puede ver todos los programas contenidos en esa carpeta que, lógicamente, serán programas de fax para Windows 95. Seleccione el archivo que quiera descargarse de la ventana Directorio remoto y arrástrelo hasta la ventana Directorio local.

La transferencia aparecerá en la ventana Cola de transferencias de la parte inferior y empezará inmediatamente. Si quiere descargarse varios ficheros, mantenga pulsada la tecla **Control**. Cuando termine de marcarlos todos, coloque el cursor del ratón sobre uno de ellos y arrástrelo a la ventana Directorio local.

Agenda de direcciones

En los apartados anteriores se ha visto cómo conectar con un servidor FTP y descargar o subir archivos a él pero, ¿hay que escribir todos los datos cada vez? La respuesta, afortunadamente, es no. CuteFTP dispone de un listado que se puede personalizar en el que podrá almacenar todos los datos relativos a cada servidor FTP. Para acceder a esta lista, haga clic sobre el icono **Site Manager** de la ventana principal. CuteFTP le mostrará una ventana dividida en dos partes. La zona izquierda muestra todos los sitios FTP definidos por el momento agrupados en una estructura de árbol. La zona derecha contiene los datos del sitio FTP señalado en la parte izquierda.

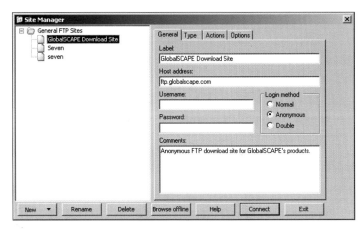

Sitio nuevo

Si desea dar de alta una dirección nueva, sólo tiene que hacer clic en el botón **Nuevo...** y rellenar los datos, uno a uno. El primer campo, Label, sirve para indicar el nombre bajo el que figurará este acceso. Los siguientes cuatro campos contendrán la dirección, nombre, clave y puerto del sitio FTP. Estos valores son los mismos que ya especificó anteriormente al realizar la primera conexión. Si la conexión es anónima, seleccione la opción Anonymous en el cuadro Login Method. En otro caso, seleccione Normal y no olvide rellenar los campos Username y Password de la parte superior. Cuando termine, pulse el botón **Exit** para volver a la ventana principal de CuteFTP. Cada vez que quiera conectarse a este sitio, acceda al administrador, seleccione el sitio elegido y pulse el botón **Connect**. CuteFTP automatizará todo el proceso y, una vez conectado, pasará a la ventana principal del programa, desde la que podrá comenzar a trabajar de forma inmediata.

Otras operaciones del administrador

Al crear el sitio FTP, sólo introdujo los datos principales, pero cada entrada del administrador puede contener información adicional, como veremos a continuación. Seleccione la entrada que acaba de crear y haga clic las pestañas de la derecha, especialmente en Actions y Options. La primera de ellas le permitirá definir los directorios local y remoto a los que accederá CuteFTP nada más conectar. En

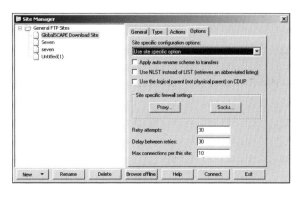

la pestaña General, podrá incluir comentarios sobre los contenidos del sitio FTP. La cuarta pestaña, Options, dispone de complejos ajustes que permiten personalizar el modo de trabajo de CuteFTP en circunstancias especiales. Nada más acceder a ella, seleccione Use site specific options para poder efectuar cambios sobre los valores que necesite.

Una vez más insistimos en que en las primeras ocasiones que utilice la herramienta no tendrá necesidad de ajustar estos valores. En el caso de que desee más información, puede utilizar la ayuda del programa para conocer el resto de las posibilidades.

Opciones adicionales de CuteFTP

CuteFTP ofrece numerosas posibilidades de control. A continuación se indican algunas de las más útiles para el trabajo diario.

Dar de alta rápidamente un sitio FTP

Si quiere dar de alta un sitio en el administrador, tendrá que especificar todos los datos necesarios y luego probar a conectarse. Si alguno de los valores está mal indicado, este proceso puede ser bastante pesado.

Existe una forma más sencilla y cómoda de probar una conexión y, cuando esté perfectamente definida, darla de alta en el administrador. En primer lugar, haga clic sobre el botón Quick Connect de la barra de botones. Al igual que se vio en la primera conexión, rellene todos los datos y pulse sobre el botón **Connect**. Si todo va bien, CuteFTP se conectará pero, al mismo tiempo, ocultará la barra de conexión rápida. Vuelva a pulsar sobre el botón **Quick Connect** y aparecerá nuevamente. En esta ocasión, dado que ya ha podido probar que todo funciona correctamente, haga clic sobre el botón **Add to site manager** de la parte derecha de la barra.

CuteFTP le pedirá que indique el nombre que quiere emplear para almacenar este sitio FTP. Escríbalo y pulse el botón **OK**. A continuación tiene que indicar en qué

parte del árbol de sitios FTP desea guardarlo. Seleccione una zona y pulse nuevamente **OK**. ¡Ya está! Acceda al Site manager para verificar que, en efecto, está almacenado este sitio FTP.

Transferencias diferidas: la Cola

Como ya se ha visto, al arrastrar archivos del directorio local al remoto éstos se transfieren inmediatamente. Si se arrastran archivos desde el directorio local a la cola de transferencias, se anota esta transferencia del fichero arrastrado hasta el directorio mostrado en ese momento en el directorio remoto, pero no se pone en marcha en ese momento. Lo mismo sucederá si arrastra uno o varios archivos desde el directorio remoto hasta la cola de transferencias. Esta posibilidad es muy interesante para navegar por un sitio FTP, localizar todos los archivos interesantes, arrastrarlos a la cola de transferencias y, una vez todo seleccionado, poner en marcha la descarga con el botón **Transfer all**. Si selecciona alguno de los archivos de la cola y hace clic con el botón derecho, podrá desplazarlo hacia arriba o hacia abajo. De esta forma cambiará el orden de descarga y podrá poner en primer lugar un archivo o dejarlo para el final.

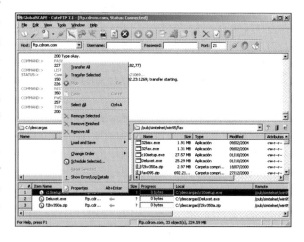

También puede hacer clic con el botón derecho del ratón en cualquier parte de la cola de transferencias y seleccionar Remove all. Así borrará todas las peticiones pendientes.

El navegador como cliente FTP

Los navegadores Web también pueden emplearse como clientes FTP, aunque sus funciones son más limitadas, siempre le podrán sacar de un apuro. El truco para utilizarlos como cliente FTP, si puede llamarse truco, está en especificar el tipo de servicio que usar en el cuadro Dirección. Siempre que accede a una página Web como, por ejemplo, www.terra.es, se limita a escribir estos datos en el cuadro Dirección. El navegador da por hecho que ha escrito una dirección Web y, por lo tanto, la dirección empleada realmente es http://www.terra.es. El primer elemento, **http://** indica que esta conexión empleará el protocolo HTTP (*HyperText Transfer Protocol,* Protocolo de transferencia de hipertexto), el sistema de transferencia de las páginas Web. Si escribe esta otra dirección, **ftp://ftp.cdrom.com**, y pulsa **Intro**, el navegador le mostrará el contenido de la carpeta de inicio de ese servidor. Fíjese en que aquí solamente podrá ver el contenido que se mostraba en la ventana Directorio remoto en CuteFTP. Además, no dispondrá de las posibilidades adicionales de CuteFTP. Con el navegador tendrá que limitarse a transferir archivos de y hacia el servidor FTP.

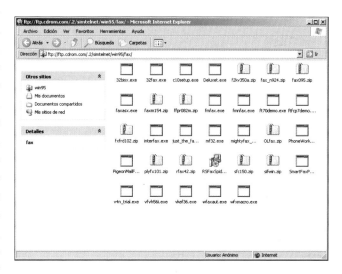

 En el caso de que no tenga que realizar operaciones más complejas que la descarga en un momento determinado de un archivo, por ejemplo, desde el servidor FTP de un cliente, ésta es, sin duda, la mejor opción.

Buscadores de servidores FTP

Al igual que sucede con las páginas Web, también existen buscadores de servidores FTP con los que localizar el equipo que contiene la información buscada para un propósito determinado. El más conocido de ellos es FTPSearch, cuyo funcionamiento se detalla en el siguiente apartado.

FTPSearch

Este servicio comenzó como un experimento en una universidad de Noruega pero, con el tiempo, ha evolucionado. En español se puede acceder a él desde ftpsearch.elmundo.es. Inicie su conexión a Internet y su navegador y diríjase a esta página Web. En ella escriba la palabra o palabras que definen su búsqueda y haga clic en el botón **Buscar**.

En breves instantes, su navegador le mostrará todos los resultados que se ajustan a los términos indicados. Si hace clic sobre cualquiera de ellos, el navegador comenzará su descarga tras preguntarle si desea almacenar ese archivo en disco. Esta comprobación es muy importante. Siempre que se descargue un archivo, el navegador le preguntará si desea guardarlo. Ese proceso no tendrá lugar sin su visto bueno.

En este caso no está accediendo a los sitios oficiales, por lo que deberá estar seguro del archivo que descarga. Una buena recomendación es que lo guarde en su disco duro y, posteriormente, lo analice con su antivirus antes de ejecutarlo.

Debido en parte a la amplia evolución de los motores de búsqueda, los servidores FTP han quedado en parte relevados a un segundo plano, especialmente si lo que se quiere es localizar un archivo determinado.

Su principal aplicación en la actualidad es para descargas entre dos partes que ya se han puesto de acuerdo y se han inclinado por utilizar el FTP debido a que su velocidad suele ser algo mayor que la del protocolo HTTP.

En el caso de que quiera localizar un tipo de archivo particular en un motor de búsqueda como Google, debe indicar una cadena de búsqueda particular. En primer lugar indique la cadena de texto que desee y, tras dejar un espacio, incluya filetype:TIPO_DE_ARCHIVO, donde TIPO_DE_ARCHIVO se corresponderá con la extensión del archivo que desea localizar. Por ejemplo, para localizar un documento de Word con el título Liverpool usaríamos Liverpool filetype:doc.

Aplicaciones Peer to Peer (P2P)

Al comienzo del capítulo detallábamos, a grandes rasgos, cuál era el funcionamiento de las redes *Peer to Peer* (P2P) empleadas por cientos de miles de usuarios para compartir sus archivos. Cada usuario, al conectarse al servidor, dispone de la información sobre los contenidos del resto de usuarios, al tiempo que pone a disposición de los demás los archivos que haya decidido compartir.

La realidad es un poco más compleja. Existen cientos de servidores de cada sistema P2P, por lo que no se puede interrumpir su funcionamiento sólo con apagar uno o dos equipos. La Red no puede caer víctima del control de una persona o de una prohibición. Además, cada vez que un usuario solicita un archivo, empiezan a descargarse partes de él de tantos equipos como se lo puedan ofrecer. Así obtiene el archivo rápidamente y no depende de que cualquiera de estas máquinas se desconecte en un momento dado. Es más, nada más empezar a descargarse un archivo, las partes que haya recibido estarán a disposición del resto de usuario del sistema P2P. Esta peculiar característica es la que hace que, cuantos más usuarios se descarguen un archivo, más rápida sea la descarga para todos ellos, ya que habrá miles de copias del archivo disponibles en los clientes P2P de sus respectivos usuarios. Cada usuario que empiece a descargarse dicho archivo lo comparte a la vez con todos los demás. Al aumentar el número de equipos que comparten el archivo, cada uno tiene que dar servicio a un menor número de clientes, por lo que la velocidad final aumenta.

Teniendo en cuenta que cada usuario comparte algunos miles de archivos, que solicitará unos 10 o 15 archivos para descargar y que en cada momento hay cientos de miles de usuarios, la imagen de conjunto es impresionante. Millones de gigabytes de datos compartidos de forma anónima por usuarios de todo el mundo que viajan de un ordenador a otro constantemente. Sin ningún tipo de control. Se han realizado comparaciones entre los sistemas P2P y el mecanismo empleado por un virus informático que, cuanto más extendido está, más peligroso es. En este caso, el peligro se puede considerar

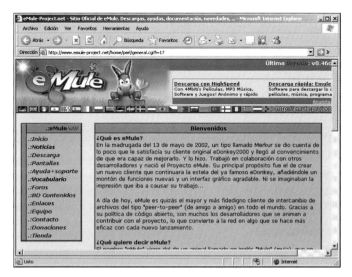

como la potencia. Eso sí, recuerde que no puede compartir archivos sobre los que no tenga derechos de propiedad intelectual. Hacerlo puede ir en contra de la ley. Existen muchos sistemas P2P, todos ellos con miles de usuarios muy activos, como eDonkey, eMule, KaZaa, WinMX, etc.

Instalación

Inicie su conexión a Internet y lance el explorador de páginas Web. Escriba **www.emule-project.net** en el cuadro Dirección y pulse la tecla **Intro**. Haga clic sobre el botón **Descarga** que encontrará en la barra de la parte izquierda. Constantemente aparecen nuevas versiones de eMule. En el momento de escribir este libro, la versión más reciente era eMule 0.46c. Seleccione la versión que le interese de la lista y haga clic en el enlace Descarga de color rojo que aparece bajo ella. El navegador le mostrará una lista con servidores de países de todo el mundo. Decídase por uno de ellos y haga clic sobre el pequeño icono que representa a un documento con unos y ceros situado en la parte derecha de la página, junto al tamaño expresado en kilobytes. Empezará la descarga, si queda bloqueda por el Service Pack 2 de Windows XP, autorícela. Cuando finalice, póngalo en marcha. Lo primero que le preguntará es el idioma de la instalación. Seleccione Español y haga clic en **OK**. Se pondrá en marcha el asistente de instalación de eMule. Haga clic en **Siguiente>** y en **Acepto** si le parecen correctas las condiciones de la licencia. Seleccione los componentes que desea instalar y haga clic en el botón **Siguiente>**. A continuación, el asistente le pedirá que escoja una carpeta para instalar el programa. La que propone suele ser adecuada. Cuando termine, haga clic en **Instalar**.

Una vez copiados todos los archivos, el asistente proseguirá con la configuración de eMule. Primero le pedirá uno nombre de usuario. Escriba el nombre elegido en el

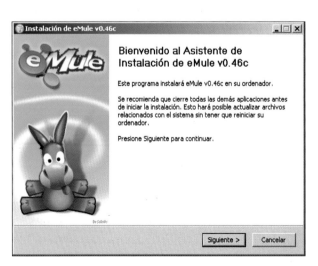

cuadro Por favor introduce tu nombre de usuario: y haga clic en **Siguiente>** cinco veces seguidas. En todos esos pasos el asistente le pedirá su confirmación para emplear los valores por defecto en varios ajustes del programa. Cuando llegue al final, haga clic en **Finalizar**. A continuación eMule le mostrará una ventana en la que debe elegir el sistema operativo empleado, el número de descargas simultáneas que desea activar y la velocidad de su línea de conexión. Cuando haya terminado, haga clic sobre el botón **Aplicar**. La pantalla principal del programa eMule se mostrará en el monitor.

Esta pantalla principal tiene varios elementos. El primer botón de la parte superior sirve para **Conectar/Desconectar** el cliente de eMule. Los ocho botones siguientes (**Kad, Servidores**, **Tráfico, Búscar**, **Compartidos, Mensajes, IRC** y **Estadísticas**) sirven para pasar de una pantalla a otra,

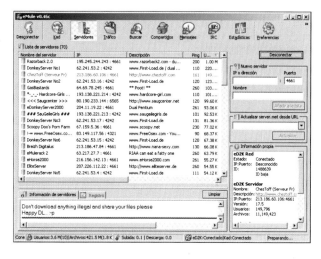

de forma similar a las pestañas de los programas en Windows. El último botón, **Preferencias**, sirve para ajustar el funcionamiento de eMule y es el primero que debe visitar.

Configuración de eMule

Haga clic sobre el botón **Preferencias** para ver la pantalla principal de ajustes de eMule. A continuación podrá examinar los ajustes recomendables para empezar a trabajar.

- En la categoría General, active las casillas Preguntar al salir e Iniciar minimizado.

- En la categoría Conexión, active las casillas Autoconectar al iniciar y Reconectar al perder la conexión.

- Si planea acceder a Internet para otras cosas mientras emplea eMule, debe ajustar el ancho de banda empleado por eMule. Una línea ADSL de 256 Kbits/s descarga datos a 32 Kb/s y los envía a 16 Kb/seg. En la categoría Conexión, escriba un valor inferior al indicado, por ejemplo 16 Kb/s, en el campo Descarga del cuadro Límites. Asimismo, en el campo Subida del cuadro Límites, seleccione un valor más bajo del indicado, como pueden ser 8 Kb/s. Esta última cantidad marca el límite en Kb/s al que proporcionará ficheros a otros usuarios.

- En la categoría Directorios, podrá elegir los directorios empleados para almacenar los archivos recibidos (Archivos entrantes) y para almacenar los fragmentos recibidos por el momento de cada archivo (Archivos temporales). Los propuestos por eMule son adecuados salvo que tenga alguna necesidad especial. Asimismo, en esta pantalla puede seleccionar qué unidades o carpetas de su equipo quiere compartir con el resto de usuarios. Evite compartir una unidad entera, ya que puede estar compartiendo ficheros personales.

La ventana principal

El aspecto de la ventana principal de eMule es muy sencillo. En la parte superior está la mencionada barra de botones, bajo la cual se halla la parte central, que muestra la información relativa al botón seleccionado. En la parte inferior se halla una barra de información que muestra datos relativos a la cantidad de usuarios y archivos que están accesibles, la velocidad de subida y bajada de archivos y al servidor actual. Al hacer doble clic sobre el apartado situado a la izquierda del todo, se abrirá una ventana con el texto completo. Allí eMule muestra el último mensaje de información o error generado por el sistema.

Servidores activos

El botón **Servidores** le mostrará una lista con todos los servidores conocidos por su cliente eMule. En la parte derecha dispone de controles para dar de alta un servidor nuevo aunque es poco probable que lo emplee. En la parte inferior dispone de dos pestañas. La primera, Información de servidores, contiene la información que tiene eMule sobre el servidor actual. La segunda, Registro, contiene los mensajes de información o error que se han ido generando.

Información sobre transferencia

El botón **Tráfico** le permitirá acceder a información detallada sobre las transferencias de archivos que tienen lugar en cada momento. La parte superior está ocupada por la ventana Descargas, en la que podrá ver el estado en que se halla cada uno de los ficheros cuya descarga tiene solicitada. Junto al nombre del archivo encontrará datos relativos al tamaño total del archivo, la cantidad recibida por el momento, la velocidad de transmisión actual, la cantidad de fuentes de las que puede descargarse dicho archivo, de cuántas de ellas se está obteniendo información en ese momento, etc. Un dato muy interesante se muestra de forma gráfica en una barra horizontal. eMule le indica, mediante colores, el estado de las distintas partes del archivo. Las zonas de color gris o negro son las partes del fichero que ya

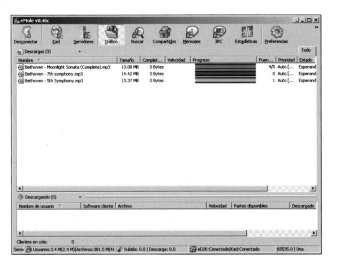

ha recibido. Las partes de color rojo son las que no están localizables en ese momento. Las partes de color azul son las que sí están localizadas. Cuanto más oscuro sea el color azul, querrá decir que hay un mayor número de usuarios de eMule compartiendo ese fragmento. Las partes de color amarillo son las que el programa se está descargando en ese momento. La fina barra de color verde de la parte superior indica el progreso total de la descarga. Cuando llegue al extremo derecho habrá finalizado la descarga.

Si hace doble clic sobre una de estas barras, podrá ver en detalle todos los orígenes de información que tiene eMule en ese momento para ese archivo concreto. La columna Prioridad muestra un valor de la forma: **QR:nnnn**. Este valor *Queue Rating*, o Posición en la cola, marca el lugar que ocupa su cliente de eMule en la lista de espera

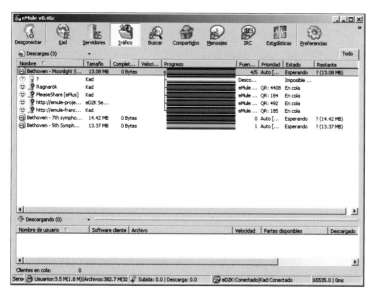

de cada usuario de eMule del que necesita algo. Cuanto más bajo sea, mejor. Si ve que un archivo no parece empezar a descargarse nunca, compruebe el valor indicado en el campo Fuentes del archivo. Este dato tiene la forma **XX/YY (ZZ)**. El primer valor, **XX**, señala la cantidad de orígenes activos que ha encontrado eMule, esto es, con los que ha conseguido entablar contacto. El segundo valor, **YY**, marca la cantidad total de coincidencias que ha encontrado eMule al buscar el archivo. El último dato, esto es **(ZZ)**, muestra el número de partes que se están transfiriendo en ese momento.

En la parte inferior encontrará el cuadro Subidas, en el que eMule le mostrará los archivos que está proporcionando a otros usuarios en cada momento. Por último, debajo de este cuadro podrá ver la cantidad de clientes que están esperando para conectarse a su equipo.

 No olvide tener en cuenta todos los valores de los que hemos hablando también en el momento de realizar la búsqueda.

Búsquedas en eMule

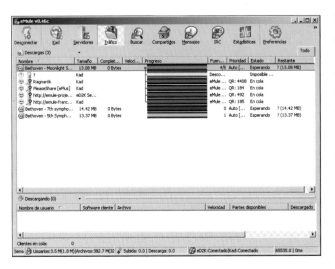

El siguiente botón, **Búsqueda**, sirve para localizar ficheros en la Red de ordenadores conectados en ese momento al sistema P2P, en este caso a la red de eMule. El conjunto de archivos disponible en eMule es inmenso, pero no puede navegar por él como haría con los contenidos del disco duro de su ordenador. Si desea descargar un archivo de eMule debe localizarlo antes mediante este botón. Eso sí, tenga en cuenta que no se pueden buscar archivos según los contenidos reales que tengan, sólo mediante el nombre que le haya asignado la persona que lo comparta. Todo está a su alcance, pero sólo si sabe cómo se llama.

Como puede suponer, es muy fácil que varios usuarios tengan el mismo archivo con nombres ligeramente distintos. Para sortear este obstáculo, el sistema eMule calcula un identificador de cada fichero realizando complejas operaciones matemáticas con sus contenidos. Este identificador es similar a una huella digital del archivo. Es razonablemente único y rápido de calcular. De esta forma, una vez localizada una coincidencia, y por lo tanto el ID del archivo buscado, puede solicitar archivos con el mismo ID del resto de máquinas. Así es posible que obtenga partes del archivo de usuarios que lo comparten con el mismo nombre y que obtenga algunas otras partes de archivos con nombres ligeramente distintos. En el fondo, son el mismo archivo. Bit a bit.

Nada más pulsar el botón **Búsqueda**, eMule le mostrará una pantalla con las distintas opciones que puede especificar para localizar un archivo. En el cuadro Búsqueda puede escribir la palabra o palabras que conoce del nombre del archivo buscado. Cuando termine, haga clic en el botón **Comenzar** de la parte derecha o pulse simplemente la tecla **Intro**.

En la parte central de la pantalla se encuentra el cuadro Filtro, en el que puede indicar un tamaño mínimo y/o máximo para el archivo, así como la extensión que tendrá (los últimos caracteres del nombre tras el punto) o la disponibilidad que debe tener. A la derecha verá el cuadro Descarga directa, en el que puede escribir o pegar desde otra aplicación un Enlace ED2K, esto es, un identificador de un archivo dentro de la red eDonkey 2000. Esto se debe a que eMule emplea la misma red que el sistema eDonkey.

Cuando termine la búsqueda, el cuadro de la parte inferior de la ventana, Resultados de la búsqueda, mostrará los archivos encontrados. Seleccione los archivos deseados y pulse el botón **Descargar selección** o haga clic con el botón derecho sobre los archivos marcados y seleccione la opción Descargar del menú que aparecerá. Nada más activar la descarga puede comprobar que eMule ha comenzado el proceso. Haga clic en el botón **Tráfico** y verá que eMule ya descargando sus archivos. Puede realizar varias búsquedas. Cada una tendrá asociada una pestaña que indica los términos buscados. Así podrá localizar archivos de varios tipos a la vez e ir solicitando su descarga de forma separada.

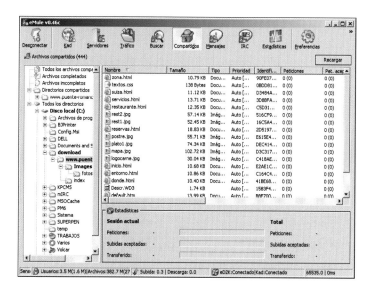

Archivos compartidos

En todo momento puede ver el estado de todos los archivos que comparte. Sólo tiene que hacer clic sobre el botón **Compartidos** para que eMule le muestre una ventana con toda esta información. Dado que la lista contiene a todos los archivos compartidos, puede ser bastante pesado localizar manualmente aquellos que han solicitado otros usuarios. Recuerde que en este tipo de listas puede hacer clic sobre el encabezado de cualquier columna para que el programa ordene la lista según ese criterio. El encabezado mostrará un pequeño triángulo a la derecha del nombre de la columna. Si apunta hacia abajo, querrá decir que la lista está ordenada de mayor a menor y viceversa. Un segundo clic sobre el encabezado alternará el sentido de la ordenación. Por ejemplo, para ver los archivos más solicitados de su ordenador, desplace el contenido de la ventana hacia la derecha hasta localizar la columna Peticiones. Ahora haga clic una o dos veces sobre ella para mostrar un pequeño triángulo apuntando hacia abajo junto al nombre de la columna.

Capítulo 10
Música y vídeo
en la Red

No se puede poner en duda que el formato de audio MP3 supuso una de las mejores operaciones de marketing para el desarrollo de la Red. También supuso un nuevo modelo de distribución para la música. En este apartado analizaremos varios de los formatos de audio de la red, centrándonos en el formato más conocido así como en las versiones que en cierto tiempo veremos en Internet, aunque es poco probable que terminen trasladándose a los dispositivos por el esfuerzo que ha realizado la industria para imponer como estándar el MP3.

MPEG Audio Layer 3

Este sería el nombre completo del formato más conocido de la red, hasta el punto de haberse convertido en la segunda palabra más utilizada en los buscadores después de sexo. En el momento de redactar estas líneas, Google arrojaba más de 75 millones de páginas como respuesta a la búsqueda. Su creación tuvo como objetivo principal comprimir el espacio que otros formatos de audio utilizaban ante la escasez de ancho de banda. Debemos te-

ner en cuenta que hablamos de los inicios de una red en la que la mayoría de la información se transmitía a través de líneas telefónicas estándar.

La forma en la que un método tradicional de audio digital, por ejemplo, un CD, graba la información es registrando la amplitud del sonido un determinado número de veces. La precisión de la amplitud, está directamente relacionada con el número de bits que se utiliza para almacenarla. Así a un mayor número de bits, mayor calidad de grabación.

Si hablamos de capacidad o espacio, el consumo de la señal de audio se puede medir a través de varios factores entre los que destacan tres. El primero de ellos es la frecuencia, o el número de muestras que se toman por segundo. El segundo de los factores es la amplitud de bits, es decir, el número de bits que se utilizan para almacenar la amplitud. El último de ellos es la longitud de la señal, es decir, el tiempo que dura la canción. Además, debemos tener en cuenta que si hablamos de señales que se muestrean en estéreo, todos los factores anteriores deben multiplicarse por dos ya que nos encontramos utilizando dos señales distintas, una para el canal izquierdo, y otra para el canal derecho.

Un minuto de audio utilizando el formato WAV, pionero de los archivos de audio digital y cuyo modelo se corresponde con lo explicado más arriba, ocupa alrededor de diez MB. Transmitir esa cantidad de espacio a través de un módem suponía una cantidad de tiempo demasiado alta. Esta fue la principal motivación a la hora de crear el formato MP3.

 Al hablar de sistemas de audio comprimidos, es muy habitual encontrar la palabra *codec*, que viene a ser la contracción de las palabras codificador y decodificador. Pues bien, para poder crear y posteriormente escuchar los archivos grabados en MP3 es necesario disponer de un *codec* que utilice este formato.

Una de las premisas que se tuvo en cuenta a la hora de crear el MP3 fue el rango de frecuencias que el oído humano puede oír. No hay unanimidad en cuanto a éste, pero la mayoría de los autores cifran la cantidad mínima en torno a los 20 ciclos por segundo y la cifra máxima alrededor de los 20.000 ciclos, también por segundo. Por lo cual todo sonido que se encontrara fuera de ese rango de frecuencias podía ser descartado, ya que la mayoría de la población no sería capaz de oírlo.

El modelo que se aplicó decidió, además, eliminar cualquier tipo de sonido que sería enmascarado por otros superiores. Es decir, si una guitarra está tocando sonidos muy agudos, otros sonidos más débiles no serían audibles, aunque quedan codificados en otros formatos como el que se utiliza en la grabación de estudio al tratar cada una de las pistas por separado. También se pensó en unir los canales del estéreo, debido a que el cerebro humano no es capaz de situar de dónde proviene el sonido cuando este se encuentra a frecuencias bajas, por lo que este tipo de frecuencias, pese a estar en estéreo en el original, se codificaban como sonido mono, es decir, de un solo canal. Estos fueron algunos de los logros del MP3 en los que se basó para comprimir el sonido.

La palabra MP3 en contra de lo que muchos piensan no es la versión tres del código desarrollado por MPEG (*Moving Picture Experts Group*), sino que en realidad se trata de la primera versión de MPEG, pero en lo relativo a la capa tres. De ahí la confusión.

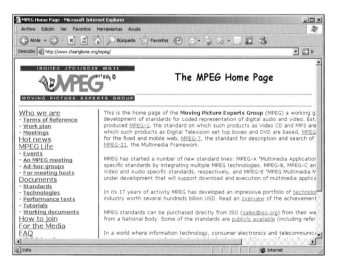

MPEG es un grupo de expertos que trabajan para la Oficina Internacional de estándares (ISO) cuyo objetivo es desarrollar sistemas de compresión para audio y vídeo. El grupo se fundó en 1988 y su primer desarrollo fue MPEG-1, el estándar en el que se basan productos como el MP3 y el vídeo CD. La siguiente evolución de la serie se dio con el MPEG-2, utilizado por los decodificadores de televisión digital y DVD. Como hemos dicho antes, no hubo una versión del MPEG-3, sino que se pasó directamente a la versión 4, que se convirtió en el estándar para comunicaciones multimedia, como las que se utilizan en los teléfonos móviles. En la actualidad el grupo se encuentra trabajando en la versión 21.

La razón para explicar la gran distribución que ha tenido MP3 es que es una licencia libre, es decir, se encuentra acorde al modelo de *shareware*. Uno de sus principales impulsores fue Karlheinz Brandenburg, quien dio a conocer esta técnica en 1989. También fue importante la posibilidad de que se pudiera escuchar el archivo sin tener que esperar a que toda la canción estuviera descargado, lo cual lo hacía ideal

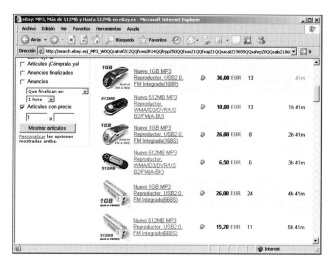

para usarlo en páginas Web. El bajo precio de los reproductores portátiles de MP3 que se pueden encontrar en la actualidad, mantendrá en alza este tipo de archivos, ya que los usuarios no suelen ser proclives, el menos en su mayoría, a tener que cambiar un equipamiento que han comprado recientemente. También se debe tener en cuenta la gran cantidad de archivos que un usuario medio tiene en este formato, lo que es otra garantía para prolongar la vida útil del MP3.

Windows Media Audio (WMA)

Es la apuesta que realizó Microsoft para introducirse en el mercado del audio en Internet, intentando competir con el casi omnipresente MP3. Los archivos que utilizan esta tecnología se pueden encontrar como .wma o como .asf. La primera versión de WMA data de 1998, con un objetivo claramente dirigido a la reproducción en línea vía Internet. Forma parte del paquete Windows Media, que actualmente se encuentra en la versión 10. Una de las ventajas principales de este formato, al menos para la industria, es que permite que aquellas canciones que están firmadas, es decir, que tiene derechos de autor, no puedan ser copiadas. Realmente, esto se limita a su reproductor, ya que otras herramientas hacen caso omiso a esta información. La mejor baza para su desarrollo es que el reproductor se encuentra incluido con el sistema operativo Windows XP.

OGG

El desarrollo de esta tecnología comenzó en 1993. Fue la respuesta de la comunidad del software libre, al tratarse desde el primer instante de un proyecto abierto y, por ende, libre de patentes. Fue concebido para hacer frente a los dos formatos tratados con anterioridad, MP3 y WMA, y en la actualidad se puede decir que es tan popular como el MP3 dentro de los círculos de desarrollo.

Una de sus ventajas principales es que el algoritmo sigue en desarrollo. Esto permite que sean múltiples las investigaciones que se encuentran en activo para mejorar continuamente sus características.

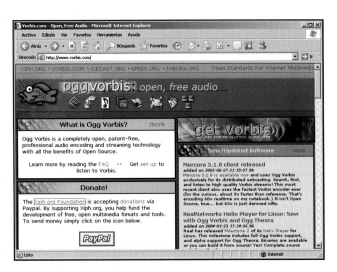

OGG permite codificar los archivos a diferentes compresiones. Una de sus características es que según el contenido de la canción, unas partes se comprimen más que otras, aprovechando de esa manera al máximo el espacio utilizado.

La siguiente revolución de Internet es posible que venga de la mano del vídeo. Al menos eso es lo que se puede extraer de los esfuerzos que están haciendo algunas de las compañías más importantes de la red, como Microsoft, Macromedia, Adobe o Apple, para impulsar sus propios sistemas. En este momento los formatos que imperan en la red son muchos. El más popular, probablemente sea el DivX, debido a su capacidad de comprimir una película completa en un solo CD con una calidad aceptable. Además, varios dispositivos de reproducción de DVD domésticos ya incorporan compatibilidad con esta tecnología.

 Otro formato, menos actual pero con una extensión similar, es el vídeo CD. La respuesta también se puede encontrar en los reproductores de DVD de bajo coste que son compatibles con este formato.

DivX

Es una tecnología que, según anuncia en su página Web, es capaz de comprimir una cinta de VHS en una relación 1:100. También asegura mantener una relación 1:10 si lo que se comprime es un DVD, lo cual permite almacenar su contenido en un CD normal. Lo que ha conseguido es una calidad aceptable como tecnología de compresión, cambiando el concepto de vídeo en Internet. Desde su introducción en el mercado en 1999, su tecnología ha

evolucionado hasta el punto de ofrecer lo que hoy en día sigue siendo una quimera en televisión, vídeo a la carta. Son unos quince mil los títulos que se pueden descargar desde su página Web a un precio que ronda los cinco dólares para títulos como Ciudadano Kane. De esta forma, si se posee una conexión de banda ancha, se puede realizar la descarga de cualquiera de las películas del catálogo y verla en uno de los dispositivos compatibles o en el propio ordenador.

Otra de las características de la tecnología es la posibilidad de adaptar el contenido a varios dispositivos, desde el monitor del ordenador o la televisión tradicional, a dispositivos portátiles e, incluso, a televisores de alta definición con la última versión del *codec*. Se podría decir que DivX ha sido para el vídeo lo que fue el MP3 para la música, una herramienta capaz de comprimir de tal forma que se convierte en un soporte ideal para la red. La única pega que se puede atribuir es que para verlo, suele ser necesario descargar el *codec*, pero una vez hecho esto, el propio reproductor de Windows puede mostrar la película. También puede elegir usar el reproductor propio de la aplicación. Otro de sus puntos a favor fue ser uno de los primeros en con-

seguir grabar vídeo en alta definición, lo que será el estándar del futuro en la televisión, aunque por ahora pocos modelos tanto de televisores como de monitores pueden llegar a esa resolución.

El problema no se ha hecho esperar. La piratería ha utilizado esta tecnología para crear DivX con todo tipo de películas que se pueden encontrar en la red, incluso antes de su estreno oficial. Para evitar los preestrenos no ofi-

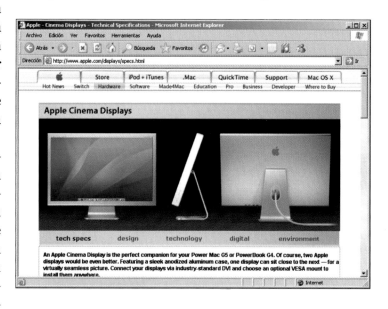

ciales, la medida por parte de las distribuidoras cinematográficas ha sido prohibir la introducción en los cines de todo dispositivo de grabación amenazando con controles aleatorios en algunas salas. Estos últimos los deben hacer las propias distribuidoras o imponerlos, a las salas, ya que en el sistema cinematográfico español, productores y distribuidores no suelen converger. Ha llegado a tal punto el control que en los pases específicos para periodistas también se hacen estos controles. El problema es que no siempre las películas salen de alguien que las graba en una sala, ya que también se puede grabar desde la cabina de proyección, de las copias en DVD que utiliza la propia distribuidora para promoción, etc. Es un problema complicado que se podría solucionar en un futuro para el que falta mucho tiempo, cuando la exhibición se pueda hacer vía satélite.

La piratería de DVD comenzó con un programa llamado DeCSS, que incluía el algoritmo de protección para que éstos no se pudieran copiar debido a un fabricante que no protegió convenientemente el código y este se pudo extraer. Esto supuso un grave varapalo para la industria, ya que tenían toda su confianza en el sistema para evitar las copias.

Una nueva forma de ver los vídeos DivX ha aparecido recientemente. Se trata de un aparato que conectado al televisor y a la red informática, permiten ver directamente las imágenes del ordenador, incluyendo en ellas este tipo de vídeos, además de otras aplicaciones, como navegar por Internet o ver el álbum de fotos del último verano. Otra de sus ventajas es que se controlan mediante un mando a distancia, lo cual aumenta su comodidad de utilización.

MPEG

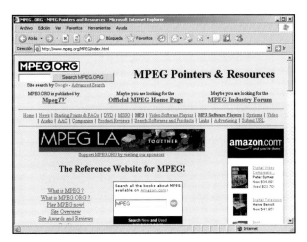

Realizaremos el análisis de esta tecnología a través de unos de sus soportes, aunque el más popular sea el DVD. Tanto el vídeo CD, como su variante de más calidad, el super vídeo CD, utilizan el CD tradicional y esta tecnología. El vídeo CD data de 1991 y fue comercializado por una coalición de las principales industrias en el campo de la imagen, es decir, Sony, Philips y Panasonic. En España, uno de sus problemas es que tuvo que entrar en un mercado que, en ese momento, estaba claramente liderado por el VHS. Además, no era la única tecnología que, en ese momento, ofrecía vídeo de calidad, ya que debía enfrentarse al Laser Disc y al CD-i. Su calidad de imagen es similar al VHS, aunque la codificación de ésta es digital. Su punto a favor es que se reproduce en la mayoría de los DVD domésticos, razón por la que la hemos incluido dentro del vídeo en Internet, al ser muchas las películas que se podrá descargar en este formato.

La tecnología que usa el vídeo CD es la primera generación de MPEG, que da una resolución de 352 por 288 puntos por pulgada. Permite sonido en estéreo y su capacidad puede llegar a ser de 74 minutos de vídeo por CD.

El super vídeo CD es la evolución del anterior. Utiliza el MPEG 2, el mismo que los DVD, con una calidad similar. El problema es que un CD no puede almacenar más de 40 minutos de vídeo, lo que lo hizo poco útil para la distribución, aunque en Internet si podrá encontrar cortometrajes en este formato.

En la actualidad, la versión más extendida de este estándar es la versión cuatro, aunque la siete ya está publicada y se prevé que su utilización principal sean los teléfonos y dispositivos móviles. La siguiente versión en la que se lleva trabajando desde junio de 2000 es la 21.

ASF

Advanced System Format es la tecnología usada por el reproductor de Windows media y que fue desarrollada por Microsoft. También puede que encuentre archivos con la extensión .wmv que también se refieren a esta tecnología.

Fue concebido para guardar y distribuir vídeo a través de Internet, lo que es conocido también con el término inglés de *streaming*. El *streaming* se concibió en un principio para ofrecer vídeo en tiempo real, estando asociado principal-

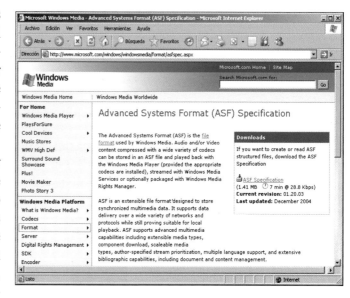

mente a las videoconferencias. Ante la imposibilidad tecnológica en los primeros estadios de la red de ofrecer esta capacidad, el término ganó fortuna en todo lo relacionado con transmitir vídeo y audio a través de la red, aunque la emisión no tenga que ser necesariamente en tiempo real.

Los objetivos principales del formato asf fueron soportar eficientemente la reproducción desde servidores de Internet o desde dispositivos de almacenamiento, como puede ser el caso de un CD. También se intentó que la tecnología fuera escalable, es decir, que no tuviera una resolución fija, sino que pudiera alojar vídeos en alta resolución o de formatos más pequeños. Unida a esta voluntad, se intentó que asf fuera compatible con distintos anchos de banda, adaptándose así a la realidad de una red en la que se encontraban distintos tipos de acceso. También se requería que el vídeo pudiera empezar a mostrarse sin tener que descargarse completamente, así como que tuviera elementos de control por parte del usuario.

 Cuando hablamos de elementos de control nos referimos a las funciones básicas de un vídeo, es decir, reproducir, parar, pausa, avance, etc.

El sistema también debía ser multisistema y multiplataforma, al ser ésta, como hemos visto continuamente a lo largo de la publicación, una de las características principales de Internet. Esta tecnología utiliza principalmente MPEG-4, que en la actualidad aparece como el estándar para las comunicaciones a través de la Red.

MOV

También puede encontrar los archivos de este tipo con la extensión .qt. Fue la primera versión de los archivos desarrollados para Quicktime, el reproductor de Apple, empresa creadora de los Macintosh. Estos archivos no tienen una capacidad definida, ya que sólo se trata de una extensión. Según la tecnología que se use, serán más o menos comprimidos. En la actualidad, el reproductor Quicktime trabaja con MPEG-4, como clara competencia al de Microsoft. El punto a favor de este tipo de archivos es que vienen como opción base en uno de los editores de vídeo más extendidos, el Final Cut. También se ha presentado ya una versión de archivos Quicktime que soporta la reproducción de archivos en alta definición, el formato que se utiliza para grabar cine digital y que, como ya hemos apuntado, utilizará la televisión del futuro.

REALVIDEO

Una de las herramientas que tuvo un gran momento en la red fue Realplayer. Se trataba de un reproductor que permitía ver muchos de los vídeos que se encontraban en la red gracias a sus posibilidades de compresión. En la actualidad se encuentra en la versión diez del *codec*, y entre las promesas que se pueden encontrar en la página Web dice que puede conseguir calidad DVD con un ochenta por ciento menos de espacio.

Comparándose con la versión nueve del reproductor de Microsoft (WMV) su apuesta ahorraría según el fabricante un treinta por ciento de espacio.

Una de las apuestas más importantes de esta nueva versión del *codec* se encuentra en la televisión de alta definición.

Capítulo 11
Crear una página Web

Tu propia página

Hasta el momento hemos visto cómo navegar por las páginas Web que pueblan Internet pero, ¿no le parecería interesante crear la suya propia? Crear páginas Web es un proceso muy sencillo, como veremos a continuación. Sólo se requiere un poco de tiempo, conocer las limitaciones de diseño que impone HTML y tener claro lo que se quiere incluir en la página Web. El lenguaje HTML es el conjunto de símbolos y órdenes empleados para definir una página Web. Cuando escribe la dirección de una página Web en su navegador favorito y éste se la muestra, lo que realmente está ocurriendo es lo siguiente:

1. El explorador localiza la dirección Web introducida y se pone en contacto con el servidor Web que está en funcionamiento en esa dirección.

2. Su explorador se descarga la página por defecto (generalmente index.htm o index.html) a una zona temporal del disco duro de su PC. Este archivo de texto contiene los comandos que servirán para mostrar en pantalla la página tal y como la creó su autor.

3. El navegador comienza el análisis del contenido del archivo index.html y va mostrando en pantalla los elementos allí indicados a medida que los identifica, como pueden ser textos, tablas, imágenes, hipervínculos, etc.

4. Si el archivo HTML incluye referencias a imágenes, el navegador se las pide al servidor Web, las descarga en la zona temporal del disco y las muestra luego en pantalla.

5. El proceso continúa hasta que finaliza el análisis del archivo HTML y se han descargado todos sus elementos independientes.

Como puede ver, una página Web no son más que uno o varios archivos HTML y de gráficos. Es precisamente esta simplicidad la que ha hecho que sean tan fáciles de crear y que, por lo tanto, haya tantísimas páginas Web en Internet.

A continuación veremos los pasos necesarios para desarrollar una sencilla página Web personal.

Planificación

Ya se ha comentado antes. El primer paso para crear una página Web es tener claro qué contenidos va a tener. Si se fija bien, lo realmente importante es que, teniendo claro lo que sí va a aparecer, también tendrá completamente claro todo lo que no va a aparecer en ella. Así se podrá centrar en lo importante. Al comienzo del proceso de diseño tendrá que tomar algunas decisiones que afectarán a la estructura general de su página. Si más adelante debe alterar esta estructura, seguramente tendrá que rehacer parte del trabajo hecho.

En cualquier caso, tenga en cuenta que una página Web, como la mayoría de los documentos electrónicos, se puede modificar y ampliar en cualquier momento. Empiece con un diseño sencillo y amplíelo a medida que lo necesite. Si en algún momento se le "queda pequeña" la página, podrá crear una nueva estructura y copiar los elementos de la antigua sin que sea necesario empezar de cero. Aunque obviamente será más laborioso que si lo hubiera hecho así desde el principio.

Como ejemplo vamos a elaborar una página con fotos, un álbum de fotos electrónico que pueda publicar en la Web para que sus amigos disfruten de sus mejores imágenes.

Aplicación de diseño

Las páginas Web se pueden crear de dos formas: manualmente o con la ayuda de una aplicación especializada. El primer sistema exige tener absolutamente clara su estructura y dominar a la perfección el lenguaje HTML, ya que tendrá que escribir en un editor de texto los comandos uno a uno y realizar numerosas pruebas hasta obtener el resultado deseado. Este sistema era el que se empleaba cuando empezó a popularizarse la Web y no existían aplicaciones de diseño de páginas Web. Actualmente sólo lo emplean programadores especializados para afinar el funcionamiento de ciertos elementos de una página Web. El segundo sistema es más práctico y no exige ser un mago del lenguaje HTML, cualquiera puede hacerlo. Existen multitud de aplicaciones para diseñar páginas Web de forma gráfica y una de las más conocidas es FrontPage de Microsoft.

Inicio del desarrollo

Afortunadamente, las decisiones iniciales que deberá realizar para crear su página Web son muy sencillas si emplea FrontPage. Lo primero que verá al abrir el programa es su pantalla inicial.

La parte superior contiene los menús y herramientas de FrontPage, que son bastante similares a las del resto de aplicaciones de Office (Word, Excel, etc.). La columna de la parte derecha llamada Panel de tareas sirve para utilizar las tareas más habituales. Habitualmente trabajará sobre todo en la vista Página. En su parte inferior puede ver cuatro botones: **Diseño, Dividir**, **Código** y **Vista previa**. El primero de ellos, **Diseño**, sirve para mostrar la página Web en el modo estándar de trabajo, en el que verá la estructura de la página pero no su aspecto final. Es el modo más potente para realizar cambios en la página, sólamente tendrá que acostumbrarse a la forma en la que muestra la información. El segundo botón será una mezcla entre el primero y el tercero. El tercer botón, **Código**, muestra los comandos HTML que hay detrás de todo lo que ha creado.

La página principal

En primer lugar, debe crear un nuevo sitio Web. Un sitio Web puede tener muchas páginas. En nuestro caso, aunque crearemos una sola página, tendremos que crear un sitio Web, el más sencillo de todos. Seleccione del panel de la parte derecha el icono Sitio Web de una página.

El aspecto de FrontPage cambiará un poco. Aparecerá una nueva columna Lista de carpetas a la izquierda de la zona de trabajo. En esta nueva columna podrá ver la estructura de carpetas de su sitio Web.

Como vimos antes, una página Web puede constar de un único fichero, pero lo normal es que utilice varios archivos. Aquí podrá ver la estructura de su Web y en qué carpeta se halla cada archivo.

El siguiente paso consiste en añadirle una página al sitio Web. Para ello, haga clic en Archivo>Nuevo. Aparecerá de nuevo el panel de inicio en la parte derecha de la pantalla. Allí, haga clic en el elemento Más plantillas de páginas. Seleccione el elemento Galería de fotografías y haga clic en el botón **Aceptar**. La zona de trabajo, que estaba vacía, la ocupará a partir de ahora una página con el esquema de un álbum de fotos. Este elemento prediseñado le aho-

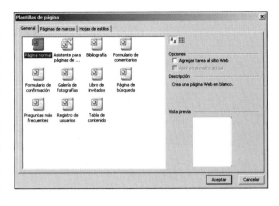

rrará gran parte de la complejidad asociada con la creación de una página Web, como veremos más adelante. En condiciones normales, ahora crearía varias páginas a las que accedería desde un menú de la página principal. Para evitar toda clase de complicaciones, vamos a utilizar esta página de galería de fotos como la página principal y única de su sitio Web.

El nombre de la página será algo así como **pagina_ nueva_ 1.htm** (este nombre puede variar dependiendo de lo que haya hecho antes con FrontPage). La página principal de un sitio Web se llama, como hemos visto, **index.htm**, así que debemos cambiarle el nombre que tenga la página con las fotos por **index.htm**. Si observa la segunda columna, llamada Lista de carpetas, verá que ya hay una página llamada **index.htm**

que no nos interesa. Para guardar la página con la galería, haga clic en Archivo>Guardar como; allí seleccione el nombre **index.htm** de la lista que se le muestra y haga clic en **Aceptar**. Dado que estamos guardando un archivo con el nombre de otro ya existente, FrontPage le pedirá confirmación antes de reemplazarlo. Para ello responda **Sí**.

Recuerde que hemos seleccionado un elemento prefabricado de FrontPage y que parte del proceso lo realizaremos mediante asistentes y ventanas.

Los colores y el texto

En este apartado vamos a modificar el contenido del texto, así como el color empleado. En primer lugar, modificará los elementos de la página que le proporciona la plantilla seleccionada para adecuarlo a sus gustos. Para ello, siga estos pasos:

1. Seleccione el texto **Galería de fotografías** y escriba el que desee, por ejemplo, **Las mejores fotos de mis vacaciones**.

2. Marque el texto introductorio que comienza con la palabra **Comentario:** y elimínelo.

3. Haga clic entre las dos líneas horizontales de la pantalla y escriba un texto introductorio. En nuestro ejemplo hemos empleado este texto: Aquí podéis ver las mejores fotos que he realizado este verano durante mis vacaciones. No son muchas, ya que sólo he incluido las mejores fotos de cada carrete, pero espero que os gusten tanto como a mi.

4. Seleccione todo el texto que acaba de escribir y haga clic en la flecha situada a la derecha del botón Color de fuente de la parte superior. Elija, por ejemplo, el color azul para destacar el texto. También puede cambiar el tipo de letra empleado y su tamaño.

Con estos sencillos pasos ya ha creado el armazón de su álbum de fotos para la Web. Ahora sólo falta seleccionar los ajustes de la página y colocar las fotos.

Ajustes de la galería de fotos

Tal y como hemos estado viendo, el elemento Galería de fotografías es un módulo proporcionado por FrontPage para facilitar la creación de álbumes de fotografías. Dado que cada usuario puede tener unas necesidades concretas, este módulo mostrará la página con unos valores por defecto pero permite realizar ciertos ajustes sobre ellos.

De la misma forma, si emplea alguno de los otros módulos y plantillas que tiene disponibles en el menú Archivo>Nuevo dispondrá de numerosas posibilidades de personalización.

Siempre que escoja un módulo con el que no haya trabajado previamente, dedíquele un tiempo a explorar las posibilidades que éste le ofrece para sacarle el máximo partido.

En este caso, siga estos pasos para ajustar las propiedades de su galería fotográfica:

1. Coloque el puntero del ratón sobre la zona ocupada por las fotografías de ejemplo y haga clic con el botón derecho. Aparecerá un menú contextual.

2. Seleccione la opción Propiedades de la galería de fotografías para acceder a la ventana de propiedades. Desde ella podrá controlar todos los valores que definen el aspecto que mostrará su galería cuando acceda a ella desde un navegador.

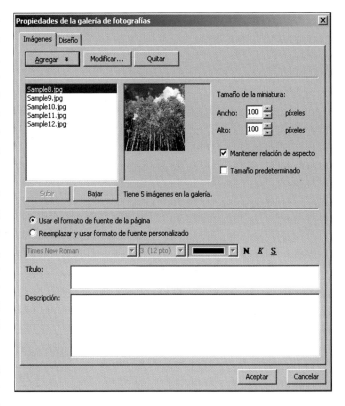

3. Seguidamente, debe escoger el tipo de diseño que tendrá su álbum. Dispone de cuatro estilos: Horizontal, Collage, Diapositivas y Vertical. Selecciónelos uno a uno y compruebe el aspecto que tendría su página en cada caso en la ventana Vista previa.

4. Una vez elegido el diseño, ya puede pasar a decidir la cantidad de fotos que se mostrarán en pantalla.

Para ello, haga clic en la pestaña Diseño y seleccione el número de imágenes que quiera en cada fila mediante la lista desplegable Imágenes por fila. Las opciones posibles van desde una hasta diez imágenes por fila. Tenga en cuenta que cuantas más imágenes muestre cada fila más pequeñas se verán éstas.

5. Llega el momento de elegir las fotos de la galería. Haga clic en la pestaña Imágenes de la parte superior, seleccione todas las imágenes de ejemplo (**Sample8.jpg**, **Sample9.jpg**, **Sample10.jpg**, **Sample11.jpg** y **Sample12.jpg**) y haga clic en el botón **Quitar**.

6. Haga clic en el botón **Agregar** y seleccione la opción Imágenes de archivos. Se abrirá una ventana que le permitirá explorar su disco en busca de las fotos que necesita.

7. Si desea seleccionar más de una foto, pulse la tecla **Control** mientras hace clic sobre las distintas imágenes. Cuando termine, haga clic sobre el botón **Abrir**.

8. FrontPage le permite realizar varios ajustes foto a foto. Puede elegir el tamaño que tendrán las miniaturas en las casillas Ancho y Alto, escribir un título en el

cuadro Título y una descripción de su contenido en el cuadro Descripción. Seleccione cada imagen y ajuste estos valores a su gusto.

9. También puede variar el orden en el que aparecerán las fotos en la página Web. Si, por ejemplo, desea colocar la imagen que actualmente está en cuarto lugar en el primero, selecciónela. Haga clic tres veces en el botón **Subir**. Verá que cambia de posición y se sitúa al principio. Coloque todas las imágenes de la forma que más le guste y haga clic finalmente en el botón **Aceptar**.

Si ha seguido todos estos pasos, ya tendrá prácticamente terminada la página. En caso de que las imágenes tengan un fondo negro y unos colores muy raros debe seleccionar otra parte de la página para que se muestren adecuadamente. Para ello, haga clic con el ratón en un punto del texto de la parte superior.

Haga clic en el botón **Vista previa** para disfrutar de su página con el aspecto definitivo que tendrá desde un navegador. ¡A que ahora sí se ven bien! Recuerde que lo que le muestra la pantalla principal son versiones en miniatura de sus fotos. Si hace clic sobre alguna de ellas, podrá verla a su tamaño real.

Si éste es superior al que puede mostrar su pantalla, aparecerán dos barras de desplazamiento en los bordes lateral derecho e inferior con los que podrá desplazarse sobre toda la imagen.

Elementos adicionales

Además de los módulos prediseñados, el lenguaje HTML permite emplear numerosos elementos en una página Web. Uno de los más útiles es el hipervínculo, que permite saltar a otra página o servicio. Para mostrar su uso ampliaremos el álbum de fotos del ejemplo con una página adicional que contenga información sobre su creador, así como un enlace para que los visitantes de la página puedan enviarle un mensaje de correo.

En primer lugar debe crear una nueva página. Para ello haga clic en Archivo>Nuevo. FrontPage le mostrará el panel de tareas en la parte derecha de la pantalla. Seleccione Más plantillas de página>Página normal para crear una página en blanco. Antes de seguir conviene darle un nombre descriptivo. Para hacerlo, haga clic en Archivo>Guardar.

Dado que va a contener los datos personales del autor, un buen nombre puede ser **bio.htm**. Acepte los cambios pulsando el botón **Guardar**.

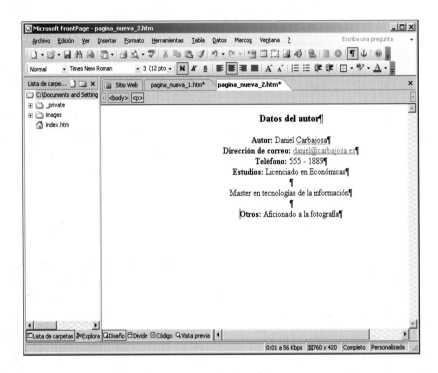

Esta página contendrá los datos de contacto del autor, como nombre, apellidos y dirección de correo. También sería interesante contar algo más a los visitantes, como pueden ser las aficiones o un resumen del currículum. ¡Nunca se sabe!

Los comandos empleados en el lenguaje HTML son muy limitados. No permiten colocar el texto sin más en cualquier lugar de la pantalla, y menos darle una estructura elaborada como la que se busca aquí. Sólo permiten alinear a la izquierda, al centro o a la derecha un texto respecto a todo el ancho de la pantalla. En cualquier caso son opciones más que suficientes para presentar sus ideas.

Si desea darle un formato atractivo al texto, tendrá que crear una tabla, que le permitirá repartir el espacio y de la pantalla. Así podrá colocar el texto en columnas y en posiciones concretas de la página.

Las tablas

Una tabla es una cuadrícula con un número de columnas y de filas. Una de las ventajas que ofrece es que permite dividir el espacio de la página en celdas. Dentro de cada celda se pueden emplear comandos para alinear su contenido a la izquierda, centro o derecha. Así será mucho más fácil crear una estructura como la requerida por la página **bio.htm**.

Crear una tabla con FrontPage es una tarea muy sencilla. Coloque el cursor en la posición deseada y haga clic en Tabla>Insertar>Tabla.... Verá una ventana con las distintas opciones de creación de tablas. Seleccione, por ejemplo, 5 filas y 2 columnas, un ancho del 75 en porcentaje y haga clic en **Aceptar**. FrontPage le mostrará una tabla vacía con cinco filas y dos columnas que ocupa el 75% del ancho de la pantalla.

Rellene ahora los datos del autor y aplíquele un formato a cada celda. Si hace clic con el botón derecho sobre la tabla, podrá seleccionar las opciones Propiedades de tabla y Propiedades de celda con las que podrá modificar cualquier aspecto de la tabla.

Los hipervínculos

Ya está creada la página pero, ¿cómo acceder a ella desde la página principal? Esto no representará el menor problema: sólo hace falta insertar un hipervínculo en la página principal que lleve hasta la página **bio.htm**. Para conseguirlo, sitúese en la página **index.htm** y asegúrese de que está seleccionado el botón **Normal**. Colóquese en el lugar en el que desea establecer el enlace y seleccione Insertar>Hipervínculo. Se abrirá una ventana de selección con múltiples opciones. En este caso basta con seleccionar los botones Archivo o página Web existente y Carpeta actual para que la ventana central muestre los archivos que contiene la carpeta de trabajo. Uno de estos archivos debe ser el recién creado, **bio.htm**.

Selecciónelo y escriba en la casilla Texto: de la parte superior un texto descriptivo como "¿Quieres saber quién es el autor de esta página?". Tras pulsar **Aceptar**, FrontPage mostrará el hipervínculo en su posición. Por último, seleccione Archivo>Guardar todo para actualizar los cambios. Si activa la vista previa con el botón de la parte inferior, podrá ver el resultado.